阅读书架【双色版】

中华上下五千年·隋唐

冯慧娟◎主编

辽宁美术出版社

图书在版编目（CIP）数据

中华上下五千年．隋唐／冯慧娟主编．—沈阳：
辽宁美术出版社，2017.12（2019.6 重印）

（全民阅读书架）

ISBN 978-7-5314-7851-5

Ⅰ．①中… Ⅱ．①冯… Ⅲ．①中国历史－隋唐时代—
通俗读物 Ⅳ．① K209

中国版本图书馆 CIP 数据核字 (2017) 第 310593 号

出 版 社：辽宁美术出版社
地　　址：沈阳市和平区民族北街 29 号　邮编：110001
发 行 者：辽宁美术出版社
印 刷 者：北京一鑫印务有限责任公司
开　　本：787mm×1092mm　1/32
印　　张：5
字　　数：100 千字
出版时间：2017 年 12 月第 1 版
印刷时间：2019 年 6 月第 5 次印刷
责任编辑：田德宏
装帧设计：新华智品
责任校对：郝　刚
ISBN 978-7-5314-7851-5

定　　价：29.80 元

邮购部电话：024-83833008
E-mail：lnmscbs@163.com
http://www.lnmscbs.cn
图书如有印装质量问题请与出版部联系调换
出版部电话：024-23835227

　　古罗马著名历史学家李维曾说过："研究研究过去的事，可以得到非常有用的教育。在历史真相的光芒下，你可以清清楚楚地看到各种各样的事例。你应当把这些作为借鉴。"我国古代著名帝王唐太宗也曾经说："以史为鉴，可以知兴替。"的确，如果能够通过阅读了解一些历史知识，总结一些兴亡成败的教训，无疑将有助于我们在面对人生时作出明智的选择和判断。可以说，读史是我们积累经验、增长见识、汲取智慧的重要途径之一。

　　然而，当我们回首过去，试图了解那段跌宕起伏的岁月，探访先人的事迹和心声时，却常常因为它过于广袤浩瀚而感到茫然。面对长达五千年的中国历史，我们该以怎样的方式去解读呢？其实，历史的一切起承转合，大都源于一系列的人物和事件。这些人物和事件或是开启了一个新的时代，或

是扭转了历史前进的方向，或是为历史的发展埋下了千里伏笔……它们点点相连，构成了整个历史的庞大体系。因此，了解了这些人物和事件，也就能够窥斑知豹，找到开启历史大门的钥匙。

为此，我们特地为热爱中国历史的读者量身订做了"中华上下五千年"系列的七本书，从夏商至明清，选取中国各个历史时期的重要人物和重要事件，以简洁明快的语言，精美鲜明的图片来讲述历史故事，力图帮助读者系统了解中国历史的整体架构，探寻那些荣辱沉浮的深层原因。

我们相信，这些书一定能够为广大读者带来一些有益的启迪。

目录
CONTENTS

隋朝

重回大统一的时代（581年～618年）

隋唐文化

承前启后

唐朝

中国最强盛的时代（618年~907年）

唐代文化

光耀万世

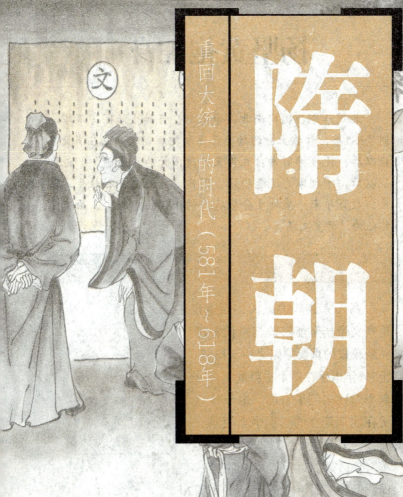

隋朝

重回大统一的时代（581年～618年）

杨坚黄袍加身

北周后期，国内南北战争不断，百姓生活困苦不堪。到了581年，贵族出身的杨坚已逐渐把握朝政，他在消灭皇族以后，便废掉旧帝自立为王，改国号为"大隋"。他即位以后，隋朝国力迅速增强，国内政治稳定，百姓生活富庶，数百年来一直处于分裂状态的中国得以统一，历史上称之为"开皇之治"。

出身贵族，地位日显

杨氏家族势力庞大，而这正是隋文帝杨坚能够改朝换代、建立新政权的重要原因之一。杨坚于541年出生在一个重臣世家，14岁时便得到了官位。由于其父在北周建立的过程中功绩显赫，杨坚因此被封为"骠骑大将军"，后又加封为"大兴郡公"。周武帝登基那年（560年），不满20岁的杨坚被封为"随州刺史"。后来，杨坚又娶了有权有势的独孤信的女儿，联姻后的杨坚如虎添翼，权势更加强大。

陶骆驼（隋）

周武帝宇文邕为了稳固政权，极力笼络势力日渐强大的杨坚。573年，周武帝赐婚太子宇文赟，于是杨坚的长女成了太子妃，此后，杨家地位更加显赫。577年，杨坚在灭北齐的战争中立下赫赫战功，进而被封为"柱国"。次年，杨坚先后奉旨出任"定州总管"和"亳州总管"。

隋文帝像

周宣帝宇文赟即位后，身为国丈的杨坚遂被晋封为"上柱国"和"大司马"，随后被提升为"大后丞"和"右司武"，不久又被升为"大前疑"。宇文赟即位以后只顾吃喝玩乐而荒于朝政，没过多久，他便禅位于太子阐，改元"大象"，自称"天元皇帝"。之后，他每次以巡游的名义外出游玩时，都让杨坚留守京师管理朝政。

揽权运谋，废周建隋

580年，周宣帝封郑译为"伐陈大元帅"，命令他挥师南下讨伐江南。郑译向周宣帝举荐杨坚一同南下参与讨伐，建议封杨坚为"扬州总管"负责统率三军。周宣帝禁不住郑译的再三进谏，准许了他的提议。但就在南伐大军准备出征之际，周宣帝病危，召刘昉等大臣入宫商议后事。杨坚闻知此事便推托身体欠佳，没有随军南下。

越窑瓷扁壶（隋）

此时的周宣帝已经口不能言，无力发布口谕，而当时太子尚幼，无法主持朝政，于是刘昉借机与郑译合谋假传圣旨，称周宣帝命杨坚入宫摄政，总管内外大权。周宣帝驾崩后，年仅8岁的宇文阐被外公杨坚推上帝位，改元"大定"，号"周静帝"。杨坚则自封为"大丞相"，统管全国军政要事。此后，为了清除篡位障碍，杨坚便开始逐步削弱北周皇室的势力。

杨坚首先化解了周宣帝的弟弟宇文赞对自己的威胁，使其不再过问朝政。接下来，杨坚假传诏书宣五位手持重兵的王回朝，然后迅速收缴了他们手上所有的兵权。于是被剥夺了兵权的五王就联合另一个王发兵征讨杨坚，但很快就以失败告终。接着，杨坚以"谋反"的罪名将这五王逐一处死。从此，皇族的势力基本上被清除干净了，而杨坚则独霸朝廷军政大权。

铲除了皇族势力后，一些地方势力开始起来反对他，河南、四川、湖北等地纷纷有人兴兵作乱。但不到半年，杨坚就运用恩威并施的手段平定了各地叛乱。此后，他完

中华上下五千年·隋唐

全掌控了北周的内外大权。

581年，一人之下、万人之上的杨坚晋封自己为"随王"，后取代周静帝，即位成为皇帝，并定都长安，改国号为"隋"，改年号为"开皇"。历史上称他为"隋文帝"。

隋文帝在位的23年中，先后平定了北方，扫平了南方，并收降了海外的琉球，结束了中国几百年来四分五裂的历史局面。他的统治使隋朝在政治、经济、文化等方面都向前迈进了一大步。他励精图治，勤政爱民，虽为人过于苛刻且晚年糊涂多疑，但瑕不掩瑜，这并没有影响他在中国历史上的地位，史学家赞誉他为"励精之主"。

五铢钱（隋）

独孤皇后妒贤并称

历史上，皇帝的后宫一直是没有硝烟的战场，嫔妃争宠，皇子夺势，这样的明争暗斗在每个朝代都屡见不鲜。然而，隋朝却有一位能将皇帝牢牢掌握在自己手中的皇后，她不仅与皇帝约定"此生永矢相爱，海枯石烂，贞情不移，誓不愿有异生之子"，还将后宫的嫔妃、皇子管理得井井有条，她就是以妒忌和贤惠并称的独孤皇后。

严治后宫，整饬皇子

独孤伽罗是隋文帝的皇后，也是北周大司马独孤信的女儿。独孤伽罗嫁给杨坚时刚刚14岁，那时她就让杨坚立下终生不纳妾的誓言。

独孤皇后是一名颇有远见卓识的聪慧女子，在杨坚计划夺取皇位的过程中，她为其献计献策，四处周旋；被封后以来，她更是积极整顿后宫，努力为皇帝营造一个良好的后宫氛围。独孤皇后深知"自古红颜多祸国"的道理，她决心杜绝后宫纷争，让皇帝全心治国，让大隋世代永继。

青瓷双复系盘口壶（隋）

独孤皇后首先从宫内体制的改革着手。她废除三宫六院的惯例，倡导节俭，禁止宫内女子浓妆艳抹、锦衣华服，禁止她们随意亲近皇帝，并严格规定她们的言行举止。除了大力整饬后宫，独孤皇后甚至还干涉太子立妃之事，导致太子杨勇最终被文帝废掉。

严惩嫔妃，文帝出走

尉迟氏是北周高官尉迟迥的孙女，她因天生丽质、容貌脱俗而被选入后宫，但尉迟氏入宫以后一直没有被隋文帝召见。有一天，独孤皇后因身体不适独自在后宫休息，文帝便借此机会偷偷临幸尉迟氏。独孤皇后听说这件事后便处死了尉迟氏。

隋文帝回到后宫，发现尉迟氏惨死，顿时恼羞成怒，于是负气出走。文帝不见以后，宫里顿时一片混乱。大臣高颎、杨素在得知了事情的原委后，忙派人四处打探，最后终于找到了文帝。君臣相见，面面相觑，十分尴尬。文帝认为自己虽然贵为天子，却无法保护自己的女人，是一种莫大的耻辱，欲云游四方，不再回宫。最后在高颎、杨素的苦劝下，文帝于深夜回到了皇宫。独孤皇后意识到自己的做法有些偏激，便大摆酒席迎接文帝回宫，于是二人又重归于好了。

青瓷四系罐（隋）

事实上，独孤皇后并非嫉妒成性、蛮不讲理之人，她在对待国事上是十分开明豁达的。

每逢文帝上朝主持政事，独孤皇后都会亲自跟车送驾，一直护送到殿阁外才独自返回后宫。同时，她还吩咐侍者随时留心皇上处理政务，以便及时发现和指出他的失误，提出补救措施。但独孤皇后只是一心辅佐文帝，并不直接干涉朝政。

独孤皇后在恪守礼法的同时，还严格要求家人遵纪守法。她的表弟崔长仁因奸淫妇女被关进大牢，按照当时的律法应当处以

高足金杯（隋）

死刑。文帝顾及皇后的面子，想网开一面，赦其死罪，但独孤皇后执意要求按国法处置。她这种公正无私的举动赢得了人们的尊敬。

独孤皇后公私分明、不计前嫌、宽宏大量的高尚品格得到了文武百官、黎民百姓的尊敬，所以当时宫中把她和文帝并称为"二圣"。但是，独孤皇后仅仅因为个人的偏好而极力说服文帝废掉太子杨勇，改立善于伪装、暴虐无道的杨广为太子，对隋朝的灭亡，她负有无法推卸的责任。

杨广弑父抢位

隋炀帝杨广是世代被人唾骂的暴君，他即位以后，整日流连于酒色美食而不理政事。他穷兵黩武，曾三伐高丽均无功而返；还滥用民力大兴土木，甚至为满足私欲三游江都作乐。在他的统治下，人民徭役税赋日益繁重，老百姓怨声载道。于是，各地人民纷纷揭竿而起，终于合力推翻了他的残暴统治。最终隋炀帝在江都被迫缢死，成为中国历史上声名狼藉的皇帝之一。

南征北战，战功显赫

隋文帝总结前朝灭亡的教训，极力将兵权掌握在皇族手中，任命年仅13岁的皇子杨广为"并州总管"。588年，皇子杨广统率隋朝50万大军灭陈，在杨素、贺若弼和韩擒虎等诸位将领的协助下击溃陈军后，大军驻扎南京，杨广先斩杀了陈后主身边的那些乱臣贼子，然后严密封存库银粮饷，最后亲自押

隋炀帝像

送陈氏皇族回京。回到长安后，杨广因功勋卓著而被封为"太尉"。

两年后，杨广被派往江南任"扬州总管"，负责平定江南高智慧叛乱。经过一番厮杀，杨广铲除了叛党，并斩杀了叛党首领高智慧。

600年，突厥人开始侵扰大隋边疆，他们肆无忌惮地打砸抢烧，无恶不作。杨广率领众将士予以坚决反击，经过一番鏖战，终于逼退了突厥。

同其他皇子相比，杨广参与了较多征战，战功显赫。

善于伪装，入主东宫

隋文帝登基后，依照惯例将大皇子杨勇立为太子，但二皇子杨广居功自傲，逐渐产生了取代皇兄的念头。

杨广生性骄奢淫逸，但他善于隐藏缺点、伪装自己。

隋炀帝陵

他发现太子杨勇的奢侈享乐引起了父皇母后的不满，于是就把自己伪装成一个简朴、老实的孝顺之人，以博取父皇母后的好感。他每次奉召进京，都特地把自己打扮得十分朴素，坐旧车、驾老马、用老仆，对父母却十分孝顺、关心备至。同时，他还常常用钱财贿赂宫中侍者，让他们经常在父母面前夸赞自己。

当得知太子只肯亲近下人而不愿理睬百官引起了朝中众臣的不悦后，杨广每次进京都专门去拜访朝中文武百官，他谦卑的态度和礼貌的言辞赢得了满朝文武的赞誉。为了夺得太子位，杨广甚至不惜演戏诬陷太子杨勇。另外，杨广还采用了心腹宇文述的建议，极力拉拢宠臣杨素。

隋炀帝龙舟出行图

弑父杀兄，窃居帝位

当上太子后的杨广为了巩固其太子位，指使杨素诬陷自己的皇弟杨秀，并借文帝之手把杨秀贬为庶民。604年，文帝重病不起，在仁寿宫卧床养病。觊觎皇位已久的杨广等得有些不耐烦了，于是他找杨素商量对策，想不到杨素的回信却落在文帝手里，文帝看到信的内容后大发雷霆。紧接着宣华夫人也来到文帝床前哭诉说杨广冒犯自己，火冒三丈的文帝急召杨勇入宫面圣，他想废掉杨广，重立杨勇。

杨广听到这个风声后，立刻把文帝身边的侍者全部换成自己的心腹。没过多久，隋文帝就驾崩了，所以有人猜测文帝是被杨广谋害致死的。同时，杨广还假传圣旨将杨勇一

大运河

家满门抄斩以绝后患。604年，背负着弑父杀兄恶名的杨广如愿登上了皇位，次年，改元"大业"。由于他在位期间暴虐无道，骄奢淫逸，所以史称"隋炀帝"。

虽然杨广文武双全，但其本性贪婪残暴。在极力掩饰自己的缺点骗得皇位后，他的本性便暴露无遗，整日醉生梦死、荒淫无度，终于激起民愤，把自己送上了断头台。

开凿运河，泽被后世

隋炀帝命人开凿了贯通南北的大运河。这条运河是在旧有渠道和天然河流的基础上加宽疏浚而成的，它不仅能在政治上巩固南北的统一，在军事上确保军需的供应，在经济上促进南北交流，同时也满足了隋炀帝搜刮南方民脂民膏，享受穷奢极欲的物质欲望。

隋炀帝下令开凿的这条大运河对当时交通的发展、经济的繁荣、政治的稳定和文化的交流都起到了一定的推动作用，甚至直到今天，这条运河依然发挥着积极的作用。这条运河的长度在世界人工河中高居榜首，其河道的深度、宽度以及通航能力也名列前茅。它集中体现了我国古代劳动人民无穷的智慧和伟大的创造力，是祖先为我们留下来的宝贵财富。

科举制的建立

在隋朝以前，朝廷选拔官员的标准大多是看个人的家庭背景，因此很多才华横溢的有识之士仅因出身低贱而被排挤在官场之外。隋文帝认识到了这种制度的弊端，开创了科举制，主张在政府官员的选拔上"重才智而轻门第"，从此，影响中国1300多年的官员选拔制度建立起来了。

中央任命，定期考核

587年，隋文帝下令废除沿袭多年的九品中正制，同时他规定各州每年都要组织特别的考试，选出3名文采出众的人推荐为"贡士"。后来，隋文帝又规定五品以上的京官和所有地方官总管、刺史，都要以"有德"和"有才"二科为标准来推举人才，要通过考试，选拔德才兼备的人来担任官职。

当时，确实有一部分人通过这种"科举"的方式被录用为官，但这种方法并没有形成严格的制度。一直到隋炀帝时期，又增加了"明经"和"进士"二科，科举制度才正式形成。

重视才学，不重门第

九品中正制之所以在隋朝的时候被科举制所代替，是有其深刻的社会原因和历史原因的。选士制度实质上是作为一种封建国家选拔官吏的政治制度而存在的，而选拔官吏的对象、途径、方法和标准，则是由不同的历史阶段、不同的国家政治体系和经济发展情况来决定的。

以往的九品中正制是按门第取士，而察举制则是单纯地靠地方官员举荐。如果继续实行这两种选士制度，就会让豪门大地主和握有士人前途命运的地方官享有选士用人的大权，这样既无法满足新兴中小地主参政的合理要求，也不利于加强中央集权统治。这充分说明魏晋南北朝以来的九品中正制和两汉以来的察举制都已经适应不了时代的需求了，因此，新的取士制度取代旧的九品中正制成为社会和历史发展的必然结果。

"科举"就是采用分科考试的方法进行取士，其中"进士科"是最重要的，考试的内容主要是诗赋，隋朝的进士科对后世选拔人才产生了深远的影响。科举制度取代九品中正制是我国古代官吏选拔制度的一次重大改革。科举制度把读书、应考和做官三者联系在一起，因此，无论是家世显赫还是出身卑微的人，都只有通过读书、考试，才能得到做官的机会。科举制打破了门阀世家代代为官而平民百姓辈辈为民的局面，夯实了封建政权的社会基石。同时，广大的下层人民为了将来能获取功名而静心读书，社会治安因此大为改善。

科考图

隋初名将良臣

隋朝初期，国内政权尚不稳定，北边突厥常来侵扰，南面陈国虎视眈眈。在这种局势下，隋文帝决定南征北伐，统一天下。为了统一大业，隋文帝招揽多位名将良臣，其中比较出名的有杨素、贺若弼、韩擒虎、史万岁。他们为隋朝的统一和发展出生入死、献计献策，做出了不可磨灭的贡献。

杨素功高震主，残害忠良

杨素像

隋初四大名将之一的杨素是陕西华阴人。他指挥了吞并陈国、平叛江南、北伐突厥、扫平杨谅等重大战役，为隋朝统一中原、安邦定国做出了巨大贡献，但是他滥用职权，残害忠良的行径常为后人所不齿。

在隋朝讨伐异族一统中原的过程中，杨素统领全军奋勇杀敌，立下了赫赫战功。但其人品不佳，曾为一己私利而陷害忠良。因其功高盖主，杨素晚年遭隋炀帝猜疑并受到排挤，最后郁郁而亡。

贺若弼居功自傲，含冤而死

出生于将门之家的贺若弼是隋朝四大名将之一，他经历了南北朝和隋朝两个朝代，见证了国家由分裂走向统一的历史变革，先后在北周和大隋担任要职。在隋王朝兼并陈国、扫平江南、统一全国、击退突厥的征战中，攻无不克、战无不胜的贺若弼屡建奇功，发挥了非凡的军事作战能力。然而，最终他却居功自傲，因口不择言含冤而死。

韩擒虎文武兼资，功成身退

韩擒虎是河南人，字子通，是隋初四大名将之一。韩擒虎以勇猛果敢而闻名于世，因其文韬武略、胆识过人，被隋文帝封为"大将"。韩擒虎不仅武功超群，还从小博览诸子百家，尤其对史书感兴趣，对历史上各个朝代的变迁都略知一二，可谓智勇双全。他在讨伐南陈、统一中国的一系列战争中屡建奇功。不同的

韩擒虎像

是，他并没有步贺若弼居功自傲、追名逐利的后尘，而是功成身退，最后安然谢世。

史万岁战功赫赫，被谗致死

　　隋朝开国元勋史万岁是当朝的四大名将之一。他为人刚直不阿、豪放直爽，最终也因此而丧命。少年史万岁孔武有力，尤其擅长骑射，还十分喜欢研读兵书。他戎马一生，在隋朝平乱、战突厥的战争中，建立了不朽的功勋，可以说，他为大隋朝的安邦定国和统一天下耗尽了毕生精力。可就是因为他的丰功伟绩遭杨素嫉妒，所以才受人陷害，致使他最终屈死在隋文帝的手下，令后人扼腕不已。

隋代五牙战舰复原图

隋末风云

隋朝末帝隋炀帝生性多疑，肆意诛杀大臣，残暴不仁，穷兵黩武，横征暴敛，导致朝臣担惊受怕，人民生活在水深火热之中。最后，炀帝长期的高压统治导致隋末臣子起兵造反，农民起义风起云涌，各地地主武装割据混战，刚刚统一不久的中华大地再次陷入混战之中，隋朝也就此土崩瓦解。

隋朝叛将杨玄感

宠臣杨素的儿子杨玄感是隋末第一个起兵反抗隋炀帝的贵族首领，他曾为隋炀帝夺位、铲除汉王杨谅立下过汗马功劳，被封为"楚公"，官至"司徒"，后又荣升为"柱国"，并被提拔为"礼部尚书"。当他见到政局不稳、炀帝开始胡乱猜疑百官时，心感不安，于是，他开始与弟弟们密谋推翻隋炀帝的统治。613年，隋炀帝再次远征高丽，由于战事不断，国内局势开始动荡不安，各地农民起义纷纷爆发。贵族出身的杨玄感也乘机拥兵起义。虽然这次起义最后被镇

隋代武士图

压下去了，但是它却撼动了隋炀帝的统治基石。尽管杨玄感为了自己的私欲煽动了暴乱，但这次起义却有力地打击了隋朝的统治，并点燃了农民起义的导火索。此后，反隋力量开始逐渐壮大起来，并最终推翻了杨氏政权。

瓦岗之主李密

出身于官宦世家的李密是陕西西安人，字玄邃。李密有勇有谋，文武兼济。隋朝末年，国内局势动荡不安，各地义军、叛军纷纷揭竿而起。616年，李密投奔高举反隋大旗的瓦岗寨，并带领瓦岗义军南征北战，四处打击隋朝各地的统治机构。智谋过人的李密为瓦岗军的发展壮大立下了汗马功劳。同时，他号召人民抵抗暴政、鼓舞义军奋力反隋，为推翻隋朝的腐败统治做出了不可磨灭的贡献。李密投靠李渊以后，对其给自己的待遇不满，因此反唐，最终被唐军所杀。

叛朝弑君宇文化及

隋朝重臣宇文化及是内蒙古武川人，他家世代为官。自从王薄在长白山领导了农民起义以后，各地声讨隋朝腐败统治的呼声渐高。国内起义、叛乱此起彼伏，反隋情绪高涨，隋炀帝的统治地位岌岌可危。在这样的形势下，隋朝重臣宇文化及于618年趁乱联合隋炀帝的卫队总管，拥兵叛变，并逼死了隋炀帝。从此，短暂的隋王朝统治结束了，取而代之的是群雄逐鹿的一个新时代。

618年，宇文化及在魏县自封为皇帝，定国号为"许"，改年号为"天寿"，并设置百官机构。619年早春，宇文化及遭到唐高祖李渊委派的淮安王李神通的攻击，不得不向聊城溃退。不久，聊城被河北农民起义军首领窦建德攻破，宇文化及被活捉并斩首示众。至此，宇文化及发动的兵变宣告失败。

农民领袖窦建德

窦建德是河北故城人，世代务农，他为人豪爽，曾担任过里长，后因触犯刑律逃亡，是乡里鼎鼎有名的大人物。隋朝末年，群雄争霸，其中窦建德领导的农民起义军是当时规模较大的一支反隋队伍。起义军高举反隋大旗，

窦王庙

为推翻隋王朝的暴政统治展开了激烈的斗争。他们占据了河南南部、山东西北部和河北大部分地区，并建立了自己的政权，为推翻隋朝统治做出了重要贡献。

617年春，窦建德在乐寿建都，自封为"长乐王"，年号"丁丑"，开始设立政权机构。窦建德在争霸全国的过程中败于李世民之手，621年夏，49岁的窦建德在长安被处决。窦建德从举兵反隋到兵败河南，共持续了11年的时间，他领导的河北起义军为推翻隋朝统治做出了巨大的贡献，成为中原地区反抗隋朝暴政的主要民间力量。虽然窦建德由于小农意识而犯下了一些不可挽回的错误，但他仍然是中国历史上著名的农民运动领导者。

乱世枭雄王世充

隋末霸主之一的王世充，字行满，擅长巴结逢迎，曾是隋炀帝的宠臣。他在铲平杨玄感叛乱和镇压河南山东一带的农民运动中立功后，威名远扬，在河南一带逐渐形成了自己的势力范围。后来，他打垮李密，自封为帝，其实力足以同河北的窦建德和长安的李世民相抗衡，成为隋末的三股主要割据力量之一。619年，王世充自立为帝，定国号为"郑"。王世充凶狠毒辣，杀人如麻，他的残暴统治使当地百姓饱受苦难，最终他兵败洛阳，被迫降唐，但被仇家所杀。

隋唐文化

承前启后

多姿多彩的隋朝文化

　　虽然隋朝是一个短命的王朝，但隋朝的文化发展却对后世产生了深远的影响。隋朝几乎在各个领域都是人才辈出，比如唐画之祖展子虔、博学多才的颜之推、杰出工匠李春、建筑奇才宇文恺，他们代表了当时自己所在领域的最高水准。

唐画之祖展子虔

　　隋初著名大画家展子虔是河北河间县人，经历了北齐、北周和隋朝三个朝代，曾在隋朝任"朝散大夫"和"帐内都督"。展子虔擅长作画，在画人物、车马和山水楼台等方面颇有造诣。他画的人物笔法细腻、色彩自然、泼墨匀称、独具特色；他画的马栩栩如生，立马有隐约飞奔之势，卧马有即将跃起之姿；他画的山水气势磅礴，给人以极目千里的感觉。后世名家对他评价很高。

　　世人将展子虔与当时的书画名家董伯仁并称为"董展"，甚至有人直接赞誉他"天生纵任，亡所祖述"。展子虔的创作技法对后世的影响极为深远，为唐代的山水画发展打下了基础，因此得到了"唐画之祖"的美誉。后来，美术史上把展子虔同顾恺之、陆探微、张僧繇并称为"唐代以前杰出的四大画家"。

博学多才的颜之推

生活在南北朝至隋朝初年的颜之推是我国历史上著名的文学家和教育家，著有《颜氏家训》。他在文学和教育方面的独特理念不仅对当时封建家庭教育的发展起到了重要的推动作用，也对后世产生了深远的影响。

颜之推的许多观点都受到历代文学理论家的关注。其实颜之推并非真正意义上的文学理论批评家，他仅仅是从做人的角度出发，对有关文学和文学批评方面的问题提出了自己的看法。他认为在创作时除了重视内容外还应当兼顾形式，同时认为在文学创作上应重视陶冶性灵、在诗歌创作上应重视意境清新。这些观点还是颇有见地的。

颜之推除了著有《颜氏家训》和《观我生赋》以外，还著有3卷《冤魂志》和20卷《集灵记》，目前已流散失传。颜之推曾经跟陆法言等人研讨音韵学，并参加编撰了《切韵》，除了现在可以在《文苑英华》《艺文类聚》等书中见到他的5首流传至今的诗文以外，其他的都已经散失。

杰出工匠李春

由隋代著名的桥梁工匠李春主持修建的赵州桥，打开了我国桥梁建造史的新篇章，标志着我国桥梁技术迈上了一个新台阶。这座目前世界上现存年代最久远、气势最宏伟的石拱桥，已经有将近1400年的历史了。赵州桥的设计和建造者李春是河北人，也是隋代著名的建筑家。隋朝实现南北统一以后，战火纷飞的动荡局面逐渐被安居乐业的太平景象所代替，社会经济也开始稳步发展。此时，北上河北重镇涿州、南下京都洛阳的必经之地——河北赵县的重要性开始逐渐突显出来，但是，赵县城外的永济河却阻碍了南北的沟通。每当洪水季节来临，这条南北要道就会被完全阻断，这严重影响了南北交通的顺畅和贸易的交流。为了结束这一局面，隋朝地方官员委派李春负责在永济河上造一座桥。

赵州桥的落成，打开了南北沟通的壁垒，打通了南下北上的关节，加强了地区经济的交流与发展，并因此赢得了"坦途箭直千人过，驿使驰驱万国通"的美誉。

建筑奇才宇文恺

宇文恺是陕西长安人，字安乐。宇文恺热衷于工艺，尤其擅长建筑，曾参与了很多隋朝著名的工程建筑工作。享誉世界的唐都长安和东都洛阳均修建于隋朝，建筑天才宇文恺为建造这两座历史都城立下了汗马功劳。宇文恺在我国古代建筑方面做出了杰出的贡献，其中有些成果更是意义非凡。

宇文恺一生致力于建筑艺术，在城市规划兴建和宫殿设计建造方面取得了辉煌的业绩，推动了我国古代建造技术的发展，不愧为一代建筑名师。他还总结经验，撰写了《东都图记》（20卷）、《释疑》（1卷）和《明堂图议》（2卷）等工程建筑方面的著作，可惜除了《明堂图议》的部分内容因收录在《隋史》中得以保存下来外，其他的都已经遗失了。

宇文恺在工程建设方面取得了骄人的功绩，他所主持规划的都城和设计修建的皇家宫殿华丽雄伟、气势磅礴，堪称当时世界上最完美的建筑物，是中国古代建筑的杰出代表。

唐朝

中国最强盛的时代（618年～907年）

李渊长安称帝

隋朝末年，农民起义频发，隋朝的统治岌岌可危。义军逐渐瓦解了杨氏政权的统治力量以后，战争的性质开始逐渐转向封建大统一。这时各地方豪强贵族的力量开始渗透进农民起义军的队伍，他们以改朝换代为最终目的，高举反隋大旗，撼动了隋朝的统治基石，从而使隋朝走向灭亡。此时，名门望族出身的太原高官李渊借机起兵造反，并于618年建立了唐朝。

将门之家，袭爵为官

贵族出身的李渊是甘肃人，他的祖父李虎是北周的开国功臣，死后被追封为"唐国公"。李渊的父亲李昞承袭世爵，在北周先后被封为"御史大夫"和"柱国大将军"。

隋炀帝杨广登基以后，先是派亲表哥李渊出京担任荥阳（今河南郑州）、楼烦（今山西静乐）两郡太守，然后又调他回京，升其为"殿内少监"，后又拜为"卫尉少卿"。613年，杨玄感起兵造反，李渊奉命把守弘化郡（今甘肃庆阳）并扫平叛乱，同时负

唐高祖李渊像

责处理关右诸军事务。615年，炀帝封李渊为"山西河东慰抚大使"，想依靠李渊的势力和威信，缓和阶级矛盾，镇压动乱，稳定民心。次年，炀帝派李渊前去镇守军事要地太原。这时，李渊的势力已经非常强大了，于是，他逐渐产生了不臣之心，一边奉旨行动，一边暗暗积蓄力量，不仅私自扩充了军队，还广积粮草，只等时机一到，便拥兵逆反。

起兵太原，击檄反隋

李渊性格沉稳，胸怀宽广，雄才大略，待人接物不卑不亢。李渊的记忆力特别好，全国的关隘要道均熟记于心。而且李渊目光远大，很早就开始吩咐大儿子李建成和二儿子李世民分别在河东和晋阳招贤纳士、广交豪杰，以扩充势力，伺机谋反。

617年春，鹰扬府校尉刘武周兴兵叛隋，他占据了汾阳宫，自封为天子，并定国号为"杨"。李渊趁机以扫平叛党为借口，大肆招兵买马。同时秘密差人通知儿子李建成和李元吉聚集晋阳，准备发动兵变。这时，太原的副留守高君雅、王威发觉李渊有策反之意，准备上奏炀帝。李渊见走漏了风声，便诬陷高、王二人通敌卖国，借机杀掉了他们，然后在太原正式兴兵反隋。

鹅壶（唐）

审时度势，挥师关中

公开反隋后，李渊派遣刘文静为使者，带上重礼出使突厥，与突厥和亲，稳定了后方。当年夏天，李渊先废掉隋帝改立代王，后李渊自封为"大将军"，并设置了官府机构。然后，李渊又封李建成为"陇西公"，并任命他为"左领军大都督"，负责统领左三军；封李世民为"敦煌公"，并任命其为"右领军大都督"，负责统领右三军。接下来便大开仓库，赈灾济穷，得到附近小股势力的支持。此后，为了夺得天下，李渊决定亲自带兵进关，占领长安。

李渊于617年夏举兵南下，同年秋便已攻陷长安。

运筹帷幄，称帝长安

李渊控制了长安以后，先拥立隋炀帝的孙子代王杨侑为傀儡皇帝，改年号为"义宁"，后把远在江都的隋炀帝封为"太上皇"。李渊的这种手段不仅堵住了众人非议的言论，而且还牢牢地掌握了朝权，更重要的是，他用这种道貌岸然的手法收买了很多老臣的忠心，改朝换代中经常会遇到的非常棘手的政治问题，就这样被他一一化解了。

618年春，宇文化及在江都缢杀了隋炀帝，这一变故为李渊最后夺取政权制造了契机。同年5月，李渊暗中迫使杨侑让出帝位，然后自己假意推托几次，随即欣然登基，将国号改为"唐"，改年号为"武德"，定都长安，历史上称之为"唐高祖"。李渊成了唐朝的开国皇帝。

秦王李世民

　　自从李渊在晋阳兴兵反隋以后，他的二儿子李世民就作为一个强有力的军事统帅南征北战。李世民先后北平刘武周、宋金刚，西征薛举父子，东俘窦建德、王世充，并横扫刘黑闼，在李渊逐鹿中原、夺取政权的过程中，李世民战功显赫，无人能敌。李渊登基后，立刻封李世民为"秦王"。

精英少年，举兵抗隋

　　李世民是唐高祖李渊的二儿子，出生于陕西。李世民从小习武，骑射俱佳。他力大无比，身怀百步穿杨绝技，且有勇有谋，性格洒脱，豪气冲天，颇有帝王风范。

　　李世民有兄弟4人，包括大哥李建成、三弟李玄霸、四弟李元吉和五弟李智云，全是窦皇后所生。其中李玄霸、李智云早死。李世民16岁时就娶了13岁的长孙氏为妻，长孙氏就是后来的长孙皇后。

　　李世民跟随父亲在太原发动兵变后，做的第一件事就是同大哥李建成一起带兵攻打西河郡，因为位于太原西南方向的西河郡是日后发兵长安的必经关隘。兄弟二人一路奋勇向前，顺利地攻下了西河郡，并生擒了郡丞，随后将其斩杀。

横扫群雄，功勋顶世

李渊建立了大唐政权以后，国内仍有很多起义军互相厮杀，混战不止。为了改变这一局面，李氏政权先后组织了6次大规模的战役，最终大获全胜，为唐政权消灭割据、称霸中国打下了坚实的基础。其中，李世民亲自指挥了4次战役。第一次是扫平陇右薛举父子的战役；第二次是抗击刘武周的战役；第三次是力敌王世充和窦建德的战役；第四次是歼灭刘黑闼的战役。

621年冬天，李世民因战功卓著被封为"天策上将""领司徒"和"陕东道大行台尚书令"，食邑增加到2万户。后来，唐高祖又特别准许他自行设置官僚组织，从而形成了一个小型的政权机构。

李世民眼见战火逐渐散去，天下趋于太平，便开始转为文治。他着手在秦王宫以西开设了一所文学馆，延请各地博学多才的人士入馆谈古论今。

久经沙场的李世民非常重视备战工作，他每次出战之前必定设法多方搜集信息，做到心中有数。因此，虽然他几次身陷困境，却总能找出对策、顺利脱险，直至扭转局面，转败为胜。李世民还以身作则，带头冲锋陷阵，一旦占据优势就一鼓作气，迅速消灭敌人，所以身经百战，战无不胜。在边疆作战时，他足智多谋，任人唯贤，屡屡得胜。李世民凭借着非凡的军事才华，为大唐王朝的建立打下了坚实的基础。

玄武门事变

秦王李世民转战南北，功勋卓著，屡获嘉奖，而身为皇太子的李建成却战绩平平，这种悬殊的对比使处于不同地位、有着不同身份的两个人在心理上产生了一些微妙的变化。于是，兄弟二人开始为争夺皇位继承权而明争暗斗，626年，双方终于在玄武门决一死战。

觊觎皇位，兄弟相忌

唐高祖李渊登基后，便将长子李建成封为"皇太子"、次子李世民封为"秦王"、四子李元吉封为"齐王"。李世民骁勇善战，立下了赫赫战功，朝廷上下无人能及，高祖特地加封李世民为"天策上将"，位列所有王公大臣之上。此时，皇太子李建成内心开始惶惶不安，因为李世民的地位越高，对他的威胁就越大。于是，他萌生了杀机。

太子李建成与四弟齐王李元吉联手排斥秦王并企图削弱他的实力。有一次，太子李建成假意宴请李世民，并在他的酒里下了毒。经历了这次毒害事件，李世民更加坚定了铲除太子李建成的决心。

李建成和李元吉想谋害李世民，但却一直碍于李世民身边有猛将保护，不好下手，因此，他们打算用丰厚的财物买通李世民身边的这些将士。他们还极力劝服高祖把房玄龄和杜如晦两位谋士调离秦王府，使李世民失去了得力的助手。

兵戈相见，决战玄武

　　626年，突厥进犯大唐，李建成借机向高祖推荐由李元吉带兵北击突厥。在得到高祖的应允后，他们又进一步要求借用李世民麾下大将尉迟敬德和秦叔宝等人协助抗击突厥，并请求统率秦王的所有精兵。李建成和李元吉此举的目的仍是削减李世民的实力，而他们的下一步计划就是

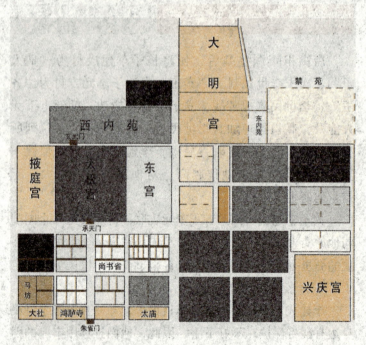

唐长安大明宫宫殿分布图

在出征前派人刺杀李世民。当时太子李建成的一个手下听说此事后，立刻把这个消息透露给了李世民，李世民得到密报，便决定先动手除掉太子，以免陷于被动。

626年初夏，李世民上奏高祖，揭发李建成和李元吉二人不但扰乱宫闱，而且还企图置他于死地。高祖看过奏章后大怒，差人速宣兄弟三人进宫面圣，他想亲自审查清楚。

联珠花鸟纹织锦（唐）

此时，李世民已经部署尉迟敬德、长孙无忌及李孟尝等人事先在玄武门内埋伏，并把大牢中的囚犯都释放出来，分给他们兵器，以壮大秦王府的实力。李世民还买通了李建成的手下——玄武门的守将。后来李世民将李建成和李元吉杀死于玄武门。

高祖得知玄武门之变，只得下诏宣告了李建成和李元吉二人的罪名，改立李世民为太子，并把各府兵力交给李世民统领。同年秋天，李渊退位，李世民继承大统，改年号为"贞观"，历史上称他为"唐太宗"。

千古贤后长孙氏

翻开中国历史，几千年来，没出现过几位贤淑的皇后。然而，唐太宗李世民的长孙皇后却被公认为是历史上最贤明通达的皇后，可以说是皇后中的佼佼者。长孙皇后高尚的情操和贤德的品行得到了上至皇帝、下到满朝文武的由衷敬佩，她因而被视为后宫的楷模。

少入李门，贤淑温良

长孙氏出生于陕西长安，她从小知书达理，温柔贤淑，13岁就嫁给李世民。

626年秋天，太子李世民登上帝位，太子妃长孙氏被封为一国之母，成为赫赫有名的长孙皇后。贵为国母的长孙皇后没有因为身份地位的改变而变得骄纵跋扈，她依然贤明勤俭，恪守本分。

唐太宗对长孙皇后的品行十分赞赏，他时常在上殿议事之后向长孙皇后提及朝中大事的细微末节。而长孙皇后只给了太宗8个字的建议：居安思危，任贤纳谏。

克制家门，智谏太宗

在以往的各个朝代，皇后都会为了巩固地位而极力培植自己的族人入朝为官，而长孙皇后却恰恰相反。她的哥哥长孙无忌跟唐太宗交情很深，他不但在建立唐朝时立下过战功，而且还在玄武门事件中出过力，所以深得太宗的赏识。当太宗有意拜他为相时，长孙皇后立刻出面劝阻，太宗只得重新打算。长孙皇后不但严格约束自己的族人，对子女的管教也十分严厉。

心怀天下，千古贤后

634年夏天，长孙皇后在九成宫（今陕西麟游）避暑，其间突患重病，尽管请遍了名医、吃尽了良药，情况却一直不见好转，反而愈加严重。636年夏天，长孙皇后病危，她推心置腹地对太宗说："我们长孙家原本没有什么功德才能，只是因为有幸跟皇族结亲，才光耀门楣。为了保持长孙家的清誉，请皇上答应我以后不再封赏长孙氏族了。我有生之年并没有对国家做过什么贡献，所以死后也不要大操大办了，不要建坟修棺浪费财力，只简单埋葬就可以了。请求皇上一切从俭，权当是对我的纪念吧。"此后不久，一代贤后病薨宫中，并于当年冬天埋葬在昭陵。

长孙皇后虽高居后宫之首却从不滥用职权，而是以身作则，凭借自己高尚的情操和贤德的品行，得到了全天下人的敬佩和尊重，成为后人的楷模。唐高宗登基后，把长孙皇后尊奉为"文心顺圣皇后"。

白釉双龙耳瓶（唐）

斟酌唐太宗

李世民成功地解决了玄武门事件以后，便顺利地继承大统，成为九五至尊。唐太宗李世民不仅才华横溢，而且治国有方。当然，人无完人，他在晚年也曾有过很多错误的决策，但尽管如此，唐太宗依然是我国历史上比较开明的帝王之一。

多才多艺，情意深重

事实上，唐太宗不仅是一员在战场上攻无不克的骁将，更是一位知识渊博、学富五车的君主。他为人十分谦逊，生前一直没有将自己创作的诗文辑录成册，因此，很少有人能真正了解他的诗文天赋。后人只能从《全唐诗》和《全唐文》中欣赏到他的一些作品，并从中揣度他的诗文成就。

太宗不但诗文俱佳，而且擅长书法，尤其擅长虚实相济的"飞白书"。他仔细研究揣摩了王羲之的书法技巧，总结心得体会，写出了著名的《笔法论》《指法论》和《笔意论》。

唐太宗具有十分开明

唐太宗《晋祠铭》

的治国理念，他一向以尧舜为楷模，积极吸取秦汉衰亡的历史教训，坚持不封禅、不访仙、不巡海、不出游。在中国几千年的封建史上，能够一直恪守这些原则的帝王寥寥无几。唐太宗是中国历史上一位文韬武略、博学多才的帝王，同时，也是为数不多的贤明帝王之一。

晚年大变，病疾而逝

唐太宗晚年的时候，逐渐改变了一贯的作风。他开始有些听不进去臣民的逆耳忠言了，连魏徵也发觉太宗"渐恶直言"，此后，太宗作出了一连串的错误决定。

太宗犯的第一个错误是不惜劳师动众，发兵远征高丽；第二个错误是纵容太子，奢靡成风；第三个错误是查看起居注。

645年，太宗讨伐高丽归来，不幸患上了痈疮，于是，他开始服用金丹调理。648年，太宗服用了从天竺求来的神药后，病情明显加重，次年初夏，他终于因丹药毒性发作而一命归天，死时年仅52岁。

纵观唐太宗的一生，虽然他在执政末期做了很多错事，但比起他年轻时的赫赫战功和治理成果，我们依然要把他归入历史明君的行列。

唐太宗李世民像

贞观之治

唐太宗李世民曾经亲历了隋朝末年的社会动荡，亲眼见证了隋炀帝灭国亡身的全过程，所以他在继承大统以后，能够勤于朝政，积极吸取隋末农民起义的教训，颁布实施一系列惠国惠民的开明政策。这些政策和措施的实行不仅巩固了唐朝政权的统治基础，还迅速恢复和发展了国民经济，使社会进入了一个相对稳定和谐的新阶段，这段时期被史学家称为"贞观之治"。

励精图治，治理国政

太宗登基以后，便着手实施了一些利国利民的举措，巩固了唐朝政权的统治，恢复和推动了国民经济的发展，整个社会很快就进入一个相对稳定和谐的时期。这段政局稳定、经济繁荣的时期就是历史上著名的"贞观之治"。

太宗大施仁政，不但放归了一批宫女侍卫，还减免苛捐杂税，缓和了阶级矛盾。此外，他还大力提倡勤俭节约，使社会形成了一种安定、祥和的氛围，为恢复生产、巩固政权提供了良好的条件。经过一段时间的休整，国家开始逐渐繁荣发展起来。

在外交上，太宗一面采取措施积极抵御北部突厥人的进犯，一面主张以和为贵，提倡文教，停息武备，减少战乱。太宗稳定了边疆局势以后，大力设置属地州县，妥

唐太宗《温泉铭》

善安排投降军民的生活。此外，太宗还把文成公主嫁往吐蕃，由此揭开了汉藏两族友好关系的新篇章，为中国的多民族融合奠定了基础。

在政治上，太宗还大力整顿律法，严惩贪赃枉法的官吏。

举贤任能，纳谏如流

唐太宗登基以后，广开言路，听取劝谏。在众多的封建君主中，他可以称得上是为数不多的肯悉心听取群臣意见的皇帝。太宗的政治观点之一就是"为政之要，惟在得人"，他擅长任用忠臣，并且能够诚心听取百家意见。

太宗不但能够虚心接受建议，还擅长发现和提拔贤能。对于有德行、有能力的人才，太宗从不计较他们的家庭出身和过去的履历，统统招为己用。

太宗任人唯贤，不论出身。在辅佐太宗的群臣中，有的家境贫寒，如马周、戴胄、杜正伦、张玄素、刘洎、岑文本、崔仁师等；有的身世显赫，如萧瑀、陈叔达等；有的过去效力敌军，如屈突通、李勣、秦叔宝、程知节等；有的曾经侍奉政敌，如魏徵、韦挺等。所以后世史学家夸赞太宗"拔人物则不私于党，负志业则咸尽其才，所以屈突、尉迟，由仇敌而愿倾心膂；马周、刘洎，自疏远而卒委钧衡。终平泰阶，谅由斯道"。

蔓草鸳鸯纹金碗（唐）

四海升平，国泰民安

在唐太宗执政期间，社会稳定、人丁兴旺、百废俱兴。在他当政的第一年，由于霜灾旱灾接踵而至，粮价大涨，一匹绢只能换取一斗米。在他当政的第三年，关内的粮食获得丰收，当年出去逃荒的人纷纷返乡，居然没有一个人逃散。太宗当政的第四年，社会安定，全国犯死罪的只有29人，刑法几乎被荒置；而且从东海到岭南，夜不闭户，行不携粮。他当政的第九年，人民丰衣足食，家畜成群，社会治安良好，甚至人们外出几个月都不需要闭门锁户。到了他当政的第十五年，每斗米只卖

金银平脱镜（唐）

两钱，真可谓社会稳定，人民富庶，天下太平。

唐朝是中国历史上最辉煌的王朝，而唐朝的"贞观之治"又是历史上最强盛的时期。虽然历史上曾经有过几个朝代都呈现出了国富民强、物产丰富的太平盛景，但在贞观年间所取得的伟大成就是历代王朝都无法比拟的。由于这一时期的生产力水平迅猛发展，唐朝在世界上的声望也迅速提高，到达巅峰。在对外战争接连大获全胜的基础上，唐朝的疆域不断向外扩张，保持了100多年的强劲势头，疆域面积东到朝鲜，北至漠北，西抵西域，南达南海，十分辽阔。除此以外，这一时期的文明程度也居于世界前列。

小孩卧鼓俑（唐）

文成公主入藏

　　唐朝雄踞中原，疆域广阔，实力强大，政治清廉，经济繁荣，文化发达，威名远震边陲。自从东突厥被唐军打退，漠南地区被唐朝划入版图以后，其周边很多小国部落的使者便纷纷入朝表示臣服，那些小国的君王和部落的族长争相请求与唐朝联姻，希望以此来壮大本国声威。松赞干布在统一了吐蕃全境以后，便开始向唐朝提出和亲，于是，唐太宗便把文成公主下嫁给了松赞干布。

吐蕃求婚，公主入藏

　　吐蕃国国王松赞干布于634年登上王位，他胆识过人，英勇善战，领导族人打败了许多青藏高原的小部落，建立起了一个庞大的奴隶制政权，并把逻些（今拉萨）定为首都，从此开始称霸整个青藏高原。松赞干布在634年冬天派遣第一批使臣拜访长安，唐朝也派遣使臣回访吐蕃，自此，拉开了汉藏两族相互往来的序幕。

　　后来，松赞干布又屡次派遣使臣到长安朝贡，并想像吐谷浑和突厥人那样同唐朝和亲。贞观十五年（641年），太宗把文成公主下嫁给松赞干布。

　　当文成公主抵达拉萨时，受到当地人民的热烈欢迎，全城居民像庆祝节日一样唱歌跳舞。唐朝佛教盛行，作为一位虔诚的佛教信徒，文成公主随身带着佛塔、经卷和佛像嫁入吐蕃，当她看到藏地没有佛法时，便决定修建寺庙，弘扬佛法。著名的大昭寺就是在文成公主的授意下建成的。

传播文明，汉藏同家

文成公主嫁入西藏以后，把唐朝的灿烂文化和先进的生产技术也同时带进了西藏，她跟松赞干布一道为促进吐

文成公主塑像

蕃经济和文化的发展做出了巨大的贡献。那时候，藏族人还没有自己的文字，依然采用结绳记事和木刻记号的古老方式来记载历史。文成公主协助松赞干布，命人专门研究文字，并造出了用30个藏文字母进行拼音造句的文法。从此，藏族人开始有了自己的文字，使得汉文的书籍可以翻译成藏文传诵，从而推动了藏族文化的发展。

文成公主还亲自把从中原带去的各种农作物种子分发给当地藏民，并悉心传授种植技术，改进了藏民的农业结构，丰富了藏民的食物种类。此外，文成公主还带去了大量的车、马、骡子、骆驼以及相关的畜牧业和医学典籍，这一切都大大推动了西藏地区的社会发展。

六叶形鎏金银盒（唐）

唐朝初期名臣录

唐太宗李世民以知人善用、虚怀纳谏著称，因此，他在位期间大批重用有才德之人，广泛听取他们的意见。在他们的辅佐下，唐朝社会政治稳固、经济得到恢复与发展，制度逐渐完善，出现了"贞观之治"的辉煌局面。

一代直臣魏徵

魏徵是河北巨鹿人，字玄成，是我国历史上著名的政治家和思想家。他历经战乱，仕途曲折，具有治国安邦的才能。魏徵对各种社会现象具有非凡的洞察力，而且为人爽快刚直，从不肯轻易屈服，因此，深得唐太宗的赏识。魏徵几十年来忠心辅佐朝政，为了大唐的国富力强，频频为唐太宗出谋划策，被历代史学家称赞为"唐代第一直臣"。

作为唐朝著名的政治家，魏徵刚直不屈、胆识过人，以敢于直谏闻名，他忠心辅佐太宗整治朝纲，促成了"贞观之治"局面的形成。而唐太宗与魏徵二人君臣相宜，也被后人传为佳话。太宗之所以成为一代明君，得益于有魏徵犯颜死谏；魏徵之所以有忠贤之名，得益于太宗从谏如流。

佐命元勋长孙无忌

长孙无忌是长孙皇后的哥哥，字辅机。长孙家族原是北魏皇族拓跋氏，后来因为立有功勋，被赐姓"长孙"。他是唐朝初期著名的政治家，曾在唐高祖、唐太宗和唐高宗三朝为官，他文攻武略，任职宰相30多年，最后含冤而死。尽管长孙无忌是皇室宗亲，且身居显位，但他却从不专权，兢兢业业

房玄龄像

地效忠于唐朝皇室，在促进唐朝的繁荣发展和修订制度法规方面立下了不朽的功勋。史学家评价他为："无忌戚里右族，英冠人杰，定立储闱，力安社稷，勋庸茂著，始终不渝。"

贞观良相房玄龄

房玄龄是山东临淄人，字乔。他先是在沙场上献计献策，后又在朝廷里举贤进谏，其一生都在专心辅弼唐太宗安邦治国。在追随唐太宗的32年中，他一直兢兢业业，尽本分、举贤良，忠心为国。他还负责编制了唐朝的律法典籍，使唐朝法令完善、政局稳定，开创了盛世雄风。而

且，他不因自己位高权重而骄横跋扈，为人谦恭虚心，尽心尽责地为繁荣大唐贡献力量，因此，赢得了"贞观良相"的美誉。

能谋善断杜如晦

杜如晦是山西人，字克明。他一直忠心耿耿地追随李世民左右，为其出谋划策，特别是在协助李世民夺取皇位的过程中，杜如晦功不可没。唐太宗即位之初，勤于政事，先后颁布了一系列统治措施。身为"十八学士"（太宗为秦王之时，在天策府开设文学馆，广招天下学士，先后入选的有十八人，号称"十八学士"）之首的杜

杜如晦画像

如晦在此期间发挥了无可替代的作用。他不但参与商定所有的国家要事，还辅佐太宗制定朝章礼法、选派官员、确立法律典籍等，为唐朝的稳定和发展做出了不可磨灭的贡献。最终杜如晦因为忙于政务，积劳成疾，英年早逝。因为他善于决断，世人将他和房玄龄并称为"房谋杜断"。

唐朝初期良将簿

　　自李渊太原起兵，到唐朝统一全国，一批批绝世名将为唐朝的统一不遗余力，奋勇争先，扬威沙场。他们凭借自己的胆识谋略，为大唐立下了汗马功劳，为唐朝的统一和巩固做出了卓越的贡献。

大唐战神李靖

　　官宦世家出身的李靖是陕西人，字药师，从小就文武兼备，志向远大。他被唐肃宗评为历史上十大名将之一，被称为"大唐战神"。他为唐朝统一天下和稳定政局立下了汗马功劳。李靖文韬武略，在战场上骁勇善战，在朝廷中谋略过人，是一个文武兼济的全才。唐太宗曾经称赞他"器识恢宏，风度冲邈，早申期遇，夙投忠款，宣力运始，效绩边隅，南定荆扬，北清沙塞，皇威远畅，功业有成"。

　　李靖一生军功显赫，他亲自领导的数次重大战役都大获全胜，这不仅因为他在战场上勇猛

李靖像

果敢，还得益于他丰富的作战经验。后来，李靖总结历次带兵作战的经验教训和心得体会，著成《李靖六军镜》等兵书多部，使我国古代军事理论有了长足的发展。可以说，能文能武、封将拜相的李靖为唐朝的统一和巩固做出了卓越的贡献。

千古名将李勣

李勣原名"徐世勣"，是山东东明人。他归顺唐朝以后，唐高祖赐给他"李"姓，为了避李世民的讳，他改名为"勣"。李勣为人豪爽，经常慷慨解囊、博施济众，一生效力大唐，战功赫赫。隋末统治腐败，老百姓怨声载道，不堪忍受暴政的李勣毅然加入瓦岗军，成为农民起义军中著名的将领，为推翻隋杨政权

尉迟恭像

作出了巨大贡献。李唐政权建立之初，李勣不遗余力地为大唐效力，特别是在平定边境的战乱上战绩斐然、功不可没。669年，76岁高龄的李勣病逝。高宗将其葬于昭陵陪葬太宗。

救主名将尉迟恭

尉迟敬德是山西朔县人，字恭，人们习惯称其字，因

此他常被叫作尉迟恭。尉迟恭是唐初名将，也是凌烟阁［贞观十七年（643年），唐太宗命人在凌烟阁内描绘了二十四位建唐功臣的图像，皆真人大小，他时常前往怀旧］建唐功臣之一。武艺超群的尉迟恭自从投奔在李世民的门下后，曾数次冒死救主，可谓功勋卓著。尉迟敬德戎马一生，建功无数。特别是在玄武门事变中，尉迟敬德不但射杀了齐王李元吉，使李世民免遭毒手，还主动请求唐高祖将李建成和李元吉的旧部交给李世民统领，使得玄武门事变得以顺利解决，成就了李世民的统一大业。

大唐功臣侯君集

　　凌烟阁建唐功臣之一的侯君集是唐朝初期大名鼎鼎的武将，他曾经两征西域，参加了剿灭吐谷浑和高昌的战役，立下汗马功劳，巩固了唐朝对西部的统治。侯君集是陕西旬邑人，他从小就喜欢摆弄弓箭，自恃勇猛。身为开国功臣的他最终却因协助太子谋反而被斩杀。纵观侯君集的一生，他虽然出身平民，却能够在时局动荡的岁月里全心全力为大唐建功立业，因而才受到当权者的器重。但是他却因本性贪婪和心胸狭隘，最终把自己送上了绝路。此后，唐太宗不再登凌烟阁。

彩绘贴金铠甲骑马俑（唐）

唐高宗软懦失权

唐高宗李治是唐朝的第三代天子。李治是幸运的，因为他仅凭拥有皇族的血统就轻而易举地成为了九五至尊；然而李治又是不幸的，因为他的帝王生涯只有一个良好的开端，却没有一个完美的结局。正因为他的怯懦，才成就了中国历史上唯一一个女皇帝——武则天。

生性软懦，被扶为君

李治是唐太宗的第九个儿子，字为善。643年，刚刚16岁的李治被立为太子。李治成为皇太子以后，太宗就开始悉心培养他。曾经在战场上骁勇无比的太宗最先传授给李治的是骑射功夫，后来太宗又让他跟随太师、太傅学习文治。除此之外，每次上朝时，太宗都让李治陪坐在一侧，希望他耳濡目染，能学到一些治理天下的经验。

649年，太宗病重，他临死前在南书房召集太尉长孙无忌、中书令褚遂良和太子李治嘱托后事。随后，李治继承大统，650年，改年号为"永徽"，那时唐高宗李治刚刚23岁。高宗执政初期比较开明，能够尊重和听取文武百官的谏言，国内呈现一片繁华景象。

唐三彩骆驼载乐俑（唐）

迎立武后，大权旁落

高宗登基以后，立刻把武则天接回宫中并加封为"昭仪"。655年，高宗更是力排众议，执意废黜了王皇后，改立武则天为皇后。

从656年开始，高宗的身体每况愈下，不但时常头痛欲裂，而且视线也模糊不清。于是，高宗逐渐把朝中政事交给武皇后处理。武则天天资聪颖，熟稔文史，处理政务得心应手，深得高宗的信赖。因此，高宗很少驳斥武则天的意见。

替唐高宗打理政事时间长了，武则天渐渐掌控了实权，她开始着手提携亲信，以巩固自己的势力。武则天先后任命李义府为"右相"，许敬宗为"太子少师"。正是因为有了这两位亲信左右为相，武则天的势力逐渐强大，开始危及到高宗的帝位。此后，唐朝政权落在了武则天的手中，而大唐天子唐高宗却成了一个傀儡皇帝。

674年以后，高宗的病势逐渐加重，他已经无力再处理政务了，只能在寝宫休养生息。683年，高宗病入膏肓，眼睛完全失明，身体日渐羸弱，虽然多方求医，但仍不见好转。最后，56岁的唐高宗在洛阳的贞观殿驾崩。

蹙金绣罗地拜垫（唐）

女皇帝武则天

在中国历史上，武则天是唯一一位登上帝位的女性。武则天登基后，大兴科举，选拔人才；鼓励农耕，发展经济；招贤纳士，广开言路。在她当政期间，国家安定，经济繁荣，为后来的"开元盛世"夯实了基础。但是，武则天威胁皇族，迫害忠良，任用暴吏，崇尚酷刑，致使冤案泛滥，理应遭到历史的谴责。

聪颖丽质，受宠高宗

武则天生于624年，山西文水人，自名武曌。武则天的祖上曾经在北朝魏、齐和隋朝担任过官职，她的父亲原本是一位商人，由于后来追随李渊建唐立功，才走上了仕途。

武则天天资聪颖，从小善于言辞，胆识过人。她的父亲觉得女儿潜力无限，便开始教她识文断字。据史料记载，武则天十三四岁的时候就已经通阅古今，在诗词歌赋方面出类拔萃，而且书法极好，墨迹不同凡响。

637年，年仅十四岁的武则天凭借姣好的相貌被选入宫中做"才人"。进宫以后，做事利落、聪明灵巧、容貌出众的武则天深得唐太宗宠爱，因此得到了"媚娘"的封号。

649年，太宗崩逝，武则天被发往长安感业寺出家。两三年后，高宗自作主张把武则天接回宫中，并封

为"昭仪"，赐号
"宸妃"。

655年，恩宠正隆
的武则天在后宫斗争
中取得了绝对优势。
当年秋，高宗废掉王
皇后，改立武则天为
大唐皇后。从此，武
则天独揽后宫大权。

佚名《弈棋仕女图》（唐）

进身皇后，垂帘听政

武则天登上后位以后，其"通文史，多权谋"的特长
得到了淋漓尽致的发挥，使原本就对她宠爱至极的高宗刮
目相看。武则天依仗自己的皇后地位和高宗的宠幸，开始
涉足政事，并经常代替高宗处理政务。

655年至659年间，武则天千方百计排除异己。她先是
罢免了尚书右仆射褚遂良，令其郁郁而终，然后又贬黜同
中书门下长孙无忌，逼迫其自缢身亡。接下来，武则天又
逐个打击了朝中褚遂良、长孙无忌的拥护者，逐步铲除了
自己涉政道路上的绊脚石。

660年，高宗因患眼疾无法理政，便命武则天协助处理
朝政。此后，朝中生杀贬迁之事，都由她一个人做主，而
高宗只是负责御批下诏而已。674年，高宗改号"天皇"，
武则天号称"天后"，被世人并称为"二圣"。从此，唐
高宗成了名副其实的傀儡皇帝。

683年，唐高宗驾崩，唐中宗李显即位，武则天以皇太后的身份当朝督政。一年以后，武则天便将中宗改封为"庐陵王"，然后拥立四子李旦为帝，即"唐睿宗"。

废唐建周，一代女皇

690年，已经67岁高龄的武则天感觉称帝的时机已经成熟，便先让佛僧法明大造舆论，声称："武后乃弥勒佛转世，当称天子。"然后又编排了一出唐睿宗亲自带领6万臣民请求武后改号登基的闹剧。最后，武则天顺理成章地按照"上天的指示"和"民众的心愿"登基称帝，实现了多年的梦想。武则天称帝后，改国号为"周"，改"东都洛阳"为"神都"，自封为"圣神皇帝"，将睿宗贬为皇嗣。

武则天像

作为中国历史上唯一的一位女性皇帝，武则天凭借着自己非凡的才智和毒辣的手段，窃取了李唐的天下。她虽然狠毒，在执政期间重用酷吏，并坚持用强硬的手腕治理天下，但是，武则天在治国治民上也有其积极的一面。在她主理朝政的近50年里，社会安定，经济繁荣，为后来的"开元盛世"夯实了基础。

唐高宗、武则天朝名人录

唐高宗和武则天时期，社会经济继续向前发展。在这一阶段，出现了一些贤臣良相，他们对唐朝社会的安定和进步做出了重要贡献。高宗驾崩后，武则天废唐建周，徐敬业遂起兵讨伐武则天，但兵败身死。武则天后期，张柬之武力逼宫，终于迫使武则天将帝位还于唐室。

为官清廉娄师德

娄师德是郑州原武（今河南原阳）人，字宗仁，是唐高宗和武则天时期的一位名臣。他从小聪明机敏，年仅20岁就考取了进士，被授任为"江都县尉"。娄师德以珍惜人才、举荐贤能著称。他文武兼济，虽身为文臣，也应征入伍，后在讨伐吐蕃的战争中率领唐军八战八捷，功勋卓著。娄师德高大威猛，性格敦厚，内敛聪慧，气度非凡，素以宽大为名，他还为官清廉，生活朴素。娄师德戎马一生，他在稳定大唐边境、回击异族侵略等方面立下了不朽的功勋。699年秋天，70岁的娄师德在会州辞世。

陶武士俑（唐）

反周忠唐徐敬业

徐敬业是山东菏泽人，他是唐朝大将李勣的孙子。669年，李勣去世，徐敬业承袭了祖父"英国公"的爵位。将门出身的徐敬业从小胆识过人，勇猛豪爽。武则天夺得天下以后，开始肆意打击支持李唐皇族的官场势力。于是，很多效忠于李唐政权的大臣开始千方百计地谋划夺回统治大权。684年，经过周密的计划，徐敬业自封为"扬州司马"，高举恢复大唐政权的旗号，起兵反抗武则天的统治。尽管徐敬业刚刚兴兵时轰轰烈烈，但是支持他的人并不多。而且徐

狄仁杰像

敬业在战略战术安排上存在严重的缺陷，他既要应付李孝逸的部队，又要分出精力去攻打金陵，难免有些力不从心，最终兵败被杀。

护国良相狄仁杰

狄仁杰是山西太原人，字怀英。狄仁杰从小喜爱读书，他顺利地通过科举考试走进了官场。他刚正不阿、秉公办事、清正廉明、勤于政事、爱民如子，敢于冒死直谏。武则天称帝后，很多忠诚耿直的朝臣都先后遭到灭门之灾，然而，护国良相狄仁杰却幸免于难。狄仁杰先后侍

奉了唐高宗与武则天两代皇帝，在武则天执政期间，狄仁杰因正直敢言而得到武则天的赏识。700年，狄仁杰因病辞世。狄仁杰是一位杰出的政治家，他为官时能够兼济天下，凡事以大局为重。他在担当宰相一职后，尽心辅佐朝政，积极指正武则天的错误决断，为承袭贞观遗风，开创"开元盛世"立下了不可磨灭的功勋。

逼宫复唐张柬之

张柬之是湖北襄樊人，字孟将，唐代宰相，以主谋迫使武则天退位而闻名于世。武则天时，张柬之历任荆州大都督府长史、宰相。704年，他出任夏官（兵部）侍郎同凤阁鸾台平章事（即同中书门下平章事）。此时，武则天病重，她的宠臣张昌宗、张易之兄弟趁机把持朝政，弄权用事。张柬之与另一宰相崔玄暐等人密谋除掉二张。705年正月，张柬之等率领羽林兵500余人，迎太子李显由玄武门入宫，当场诛杀张易之、张昌宗兄弟，逼迫武则天传位太子李显。2月，李显恢复唐国号，升张柬之为夏官尚书、中书令。当时依然握有大权的武三思及其党羽勾结韦皇后，诋毁张柬之。5月，唐中宗封张柬之为汉阳王，同时免去其宰相职务。张柬之自请养病返乡，中宗于是降他为襄州刺史。次年6月，再贬为新州司马。张柬之到了泷州，忧愤而死。

凤首龙柄青瓷执壶（唐）

李隆基平乱继位

在唐朝历史上，唐玄宗是执政时间最长的一位皇帝。当年就是他联合太平公主消灭了乱政的韦皇后。唐玄宗登基称帝以后，他在执政初期锐意进取、勤政爱民，把唐朝带进了一个政局平稳、百姓富庶、文化兴旺的繁盛时期。但他在执政后期却逐渐疏于朝政、追求奢华，致使朝廷奸佞当道、忠良遭嫉，并最终引发了安史之乱。一代名主蜕变成昏君，唐朝从此逐渐衰落下去。

多事之秋，平定混乱

唐玄宗是唐睿宗李旦的第三个儿子，名隆基。唐玄宗的谥号为"至道大圣大明孝皇帝"，所以历史上又把他称作"唐明皇"。玄宗于685年出生，当时朝政混乱。后来其父先被立为皇帝，后又被废。

701年，李隆基先后就任"右卫郎将"和"尚辇奉御"。后来唐中宗重新登上帝位后，对李唐皇族大行封赏，李隆基被提升为"卫尉少卿"。时隔不久，李隆基又兼任"潞州别驾"，负责掌管潞州的军权。此后，韦后乱政，朝纲大乱，李隆基父子险些死于韦后之手。

709年，李隆基回京参加京郊祭奠大礼。目睹过张柬之政变的李隆基意识到朝廷将有大的变动，便决定暂不离京，静观其变。同时，他还在暗地里积极结交羽林军，以备不测。

710年夏天，以韦皇后为首的一帮佞臣贼子毒杀了中宗，妄图夺取政权。李隆基毅然发动政变，将韦武势力一举歼灭。随后，唐睿宗重登帝位，把立有大功的李隆基晋升为"平王"，韦皇后谋权篡位的计划最终落空。李隆基因歼灭韦武势力、拥立父皇睿宗重新登基立功，在朝臣的拥护下被封为"皇太子"。

歼灭公主，登上皇位

武则天的女儿太平公主机敏聪慧，有很强的政治抱负。她曾经参加了歼灭韦武之乱的政治斗争，为睿宗重登大宝立下了汗马功劳，所以，唐睿宗非常器重她。随着李隆基政治影响的扩大及被立为皇太子，太平公主渐渐意识到他会成为自己涉足政坛的绊脚石，因此姑侄之间的矛盾越来越尖锐。

711年，太平公主公然要求宰相宋璟提出重立太子的建议，被宋璟严厉回绝，两人的矛盾进一步激化。712年夏天，睿宗正式把皇位传给太子李隆基，但睿宗仍然保留了一部分皇权。与此同时，太平公主夺权的准备活动也在紧锣密鼓地进行。她借唐玄宗李隆基还没有完全把持朝政的时机，在朝野中遍插亲党，打击政敌。

713年夏天，太平公主开始策划发动政变。得到风声的玄宗立刻决定先发制人，抢占先机，他亲领羽林军打击太平公主的朋党。太平公主得知此事后，仓皇躲入深山，最终被擒处死。从此，玄宗收回了所有的皇权。

开元盛世

玄宗即位后，开始大力稳定局势。由于他曾经亲历过复杂的宫廷纷争，所以对治理复杂的局面非常有经验。稳定了政局以后，玄宗立刻制定简政举措，淘汰多余的官员，解散冗杂的机构，并改革吏制，亲自挑选吏部官员。此外，玄宗还非常注重农耕经济和文化发展。在他执政的前期，唐朝开始走向极度繁荣的时期。

铲除奸佞，安定内外

714年，玄宗消灭了太平公主的朋党势力，收归了所有的皇权。从武则天时期开始的后宫乱政也告一段落，唐朝开始走向政局稳定、经济发展的辉煌时期。

玄宗正式执政以后，借故将郭元振、刘幽求等奸佞之人一一削贬诛灭了。除此以外，玄宗还以"逢迎上司"的罪名把韦安石、韦嗣立、赵彦昭、李峤等人贬为"别驾"，并把广州都督周利贞削职为民，永不录用。玄宗的这一系列举动，看似贬罚有据，其实都是为清理朝廷佞臣而找的托词，真正目的是消除隐患。

鹦鹉纹鎏金提梁罐（唐）

选贤任能，兄弟和睦

玄宗一边清除掉朝廷的佞臣，一边着手挑选贤能的人才来辅佐自己处理政事。玄宗贬黜了郭元振之后，拜姚崇为相并让他兼任兵部尚书。

玄宗还严加约束皇族内部，以避免皇族把握实权后制造祸患，但是他对兄弟却十分仁义友善。玄宗经常跟诸王一起聊天喝酒，他从来都不制止兄弟们宴饮娱乐，非常宽厚。但是，只有一件事是玄宗明令禁止的，那就是不准诸王与大臣、外戚们交往。可以说，在中国所有的封建皇族中，唐玄宗与诸王之间的关系是最和睦的。

发展生产，民富国强

玄宗稳定了政局以后，便开始着手发展农业，积极修建水利。玄宗组织修建了很多小规模的农田水利设施，从而帮助老百姓有效地抵御了旱灾，大大提高了粮食的产量。另外，玄宗还鼓励发展农耕，他把各地的荒田交给无家可归的流浪者耕种，并免去5年的征税。玄宗采取的这些激励措施，有效地增强了农民自觉生产的意识，全国各地呈现出一片忙碌生产的和谐景象。

在这一时期，唐朝经济随着农业的快速发展而迅速崛起，社会开始走向鼎

三彩胡商俑（唐）

佚名《唐人宫乐图》（唐）

盛发展时期。随着社会物质财富的迅猛增长，唐朝的整体实力也日益强大起来。玄宗增加了唐朝边境的军事力量，采取"屯田制"，兵卒们平时从事农耕，遇到战事则迅速披甲上阵。同时，玄宗还分别设置了"朔方节度使"和"河西节度使"等10个镇的节度使，命他们分别管理各州地事宜，并掌控军权。

国民经济的空前发展，也促进了唐朝文化艺术的繁荣。唐玄宗是一位博学多才的皇帝，他不但精通音律歌舞，还擅长诗文书画。值得一提的是，在这一时期发展起来的"唐诗"对后世文学产生了深远的影响，是我国文学发展史上最重要的组成部分之一。

玄宗执政之初，定年号为"开元"。开元年间，他勤于政务、重用贤能、发展农耕、主张文教。因此，这一时期天下太平、社会富庶，整个社会呈现出一片繁荣昌盛的景象，后代的史学家们称这一时期为"开元之治"。遗憾的是唐玄宗没有善始善终，不但没能把这样的大好局面一直维持下去，反而促使唐朝一步步走向了衰亡。

玄宗朝名人录

救时宰相姚崇

姚崇是河南陕县人，本名元崇，字元之，是唐朝著名的政治家。他文武精通，才思敏捷；忠心为国，敢于上谏；提倡廉政，以身作则；怜民爱民，注重生产。他先辅武后，后侍睿宗，再后来辅助唐玄宗。姚崇通过科举考试踏入官场，在武则天统治时期，曾经5次官至"兵部郎中"；在唐玄宗时先后3次拜相，而且均兼任"兵部尚书"，因才能出众，做事果断，被誉为"救时宰相"。姚崇在辅佐玄宗期间，大胆改革，破旧立新，废除弊政，从整顿吏治着手，裁员增效，并遏制权贵和功臣的特权，注重农耕生产，为"开元盛世"创造了良好的政治条件和经济条件，所以后来杜牧赞誉姚崇"首佐玄宗起中兴业"。

姚崇像

唐时贤相宋璟

宋璟是河北人，字广平，唐玄宗时期的名相。他从小学识广博，尤善文学。20岁时，宋璟就中了进士，开始了自己的官场生涯。宋璟性格直爽，赏罚分明，以敢于直言上谏闻名，懂得量才用人，为官清廉，为唐朝的发展做出了重大贡献。

宋璟在为官的52年里，先后侍奉过武则天、中宗、睿宗和玄宗4代皇帝。

（清）康涛《华清出浴图》

他的一生都在为国家的发展和振兴而不懈努力，他同姚崇一起对唐朝的官场作风进行了大刀阔斧的革新，并提出了一系列利国利民的积极措施。把百废待兴的唐朝治理成一个雄霸世界的陆上强国。在此期间，大唐罢黜奸邪、举任贤良、整顿朝纪，为"开元盛世"打下了良好的基础。史学家赞誉宋璟说："唐世贤相，前称房杜，后称姚宋，他人莫比。"

绝代红颜杨贵妃

杨玉环是山西永济人，号太真，是家喻户晓的中国古代四大美女之一，唐玄宗李隆基的宠妃。她才华绝世，貌美如花，从小学习音律，擅长歌舞。她本来是唐玄宗之子寿王李瑁的妃子，后经大臣推荐被召入皇宫做女官，后封为贵妃，从此杨门一族权贵显赫。唐玄宗自从临幸了这一绝代美女后，便逐渐怠于政务，整日宴饮寻欢，导致奸臣当道，朝纲废弛。不可否认，唐朝开始从极盛转入衰落，直至爆发安史之乱，杨贵妃负有不可推卸的责任。天宝十四年，安史之乱爆发，沉迷于酒色歌舞之中的唐玄宗仓皇南逃。途经马嵬坡，大将玄礼和部下认为杨家祸国殃民，怒杀杨国忠，迫使唐玄宗赐杨玉环自缢。杨贵妃死时，年仅38岁。

口蜜腹剑的李林甫

唐玄宗登基以后，任用了很多正直的贤良之士为相，他们优势互补，各尽其能。在众多宰相中，唯独李林甫是一个口蜜腹剑、卑鄙无耻的大奸大恶之徒。奸相李林甫出身于李唐宗室，是李渊叔伯兄弟李叔良的曾孙。他擅长音律，但是没有什么才学，是一个投机取巧、笑里藏刀的奸诈小人。唐玄宗执政后期贪图享乐、疏于朝政，在此

口蜜腹剑的李林甫

期间他将朝中所有的政务都交由李林甫处理。于是，李林甫在长达19年的宰相生涯里，欺上瞒下，使得开元年间的清廉政治荡然无存，同时也给安禄山创造了谋反的机会。可以说，唐朝开始走向衰亡，跟李林甫的肆意妄为不无关系。

弄权误国的杨国忠

杨国忠是陕西芮城人，本名钊。他是杨贵妃的堂兄，因攀势贵妃，登上高位，做了宰相以后，他大肆揽权，在朝廷里横行无忌，满朝文武敢怒而不敢言。他平日里任意妄为、贪财求货，朝纲法纪对他来说形同虚设。杨国忠搅乱政局，祸国殃民，最后不得善终，实属咎由自取。但是从另一个角度来说，他高居相位期间，朝廷里并没有发生因争权夺势而屠杀忠良的惨剧，反而还聚拢了一批奇人异士，值得褒扬。安史之乱以后，盛极一时的唐朝开始走向衰落，身为当朝宰相的杨国忠难辞其咎。

三彩牵驼俑和骆驼

安史之乱

开元初期，天下太平，国富民强。但是，到了唐玄宗统治后期，皇帝开始专注私人生活，不理朝政。这一时期，奸佞当道、纲纪废弛、军备不整。狼子野心的安禄山趁机兴兵造反，使盛极一时的唐朝战祸不断、民不聊生，元气大伤的大唐王朝从此开始走向没落。

生世离乱，因功提将

安禄山是辽宁朝阳人，其父亲早亡，他从小跟随母亲在突厥部族里生活，长大成人后，在军队里做了一名小军官。安禄山凶残暴戾，狡猾奸诈，擅长揣度别人心理。

732年，节度使张守珪派安禄山跟史思明一起带兵讨伐契丹，安禄山以少胜多，大败敌军。因此，他很快就被擢升为"偏将"。后来，他又因屡战屡胜、骁勇无比而被授封为"员外左骑卫将军"。

740年，安禄山通过贿赂"河北采访使"张利贞，使之为自己美言而被玄宗提拔为"营州都督"，兼任"顺化州刺史"。之后，安禄山大肆贿赂

胡人俑（唐）

过往使臣，使得使臣都为他说话。唐玄宗开始逐渐对其委以重任。

742年，安禄山奉诏入朝，唐玄宗对他宠信有加。次年春天，安禄山奉命兼任"范阳节度使"。745年，契丹兴兵反唐。随后，唐玄宗在李林甫的建议下拜安禄山为"边帅"，统管全军。

讨好贵妃，暗蓄势力

747年，安禄山上朝觐见。玄宗让杨家兄妹称其为兄长，安禄山见杨贵妃如此受宠，便不顾自己年长而认她作养母，以此巴结杨贵妃。从此，安禄山悉心竭力地侍奉着这位年轻的养母，开始随意进出皇家后宫。

后来，玄宗将安禄山封为郡王，并在长安为他修建了一处跟其他王公贵族不相上下的豪华宅院。安禄山住进王府后，玄宗还天天差人陪他宴饮寻欢。

玄宗执政后期，朝纲废弛，军备不整。他重用奸臣李林甫，还因宠爱杨贵妃而大肆封赏杨家亲属。这些人仗势欺人、鱼肉百姓、毁坏纲纪，文武百官虽然愤怒不已，却都不敢得罪他们。

安禄山献媚策谋反

而此时的安禄山则瞄准时机，趁众人注意力都集中在杨氏一族身上时，暗中积蓄兵力，招兵买马，蓄谋造反。

发兵叛唐，受戮于子

李林甫去世以后，杨国忠接替相位。安禄山一直非常瞧不起杨国忠，而杨国忠也非常讨厌安禄山，于是，杨国忠便常常在玄宗面前诬陷安禄山，以致二人的关系异常紧张。

755年冬天，安禄山打着征讨杨国忠的名号，在范阳兴兵谋反。安禄山带领15万人马从河北平原出发，隶属河北的州县立刻溃败，随后，叛军直逼洛阳，沿途州县官吏非逃即降。安禄山的军队一路南行，几乎没有受到任何阻击。没过多久，洛阳也失陷了。

756年，安禄山在洛阳自立为帝，定国号为"大燕"，定元"圣武"。同年夏天，叛军在潼关大败唐军，直逼长安，玄宗见势不妙，仓皇逃向成都。

不久后，叛军发生内讧，安禄山被他的儿子安庆绪杀害了。唐军趁乱联合回纥援军展开反击，夺回了长安和洛阳。没过多久，安庆绪被安禄山的部下史思明杀害，史思明重整军队再次攻陷洛阳，随后，他也在洛阳建国称帝，国号仍然是"大燕"。不久，史思明也被儿子所杀，安史之乱宣告结束，自此唐朝元气大伤，虽然形式上仍然保持统一的中央王朝，其实已经无法掌控地方势力了，藩镇割据开始。

马嵬坡兵变

安禄山打着征讨杨国忠的旗号兴兵起事后，一路上势不可挡，直逼长安。玄宗闻讯慌忙带着宫眷逃离长安，走到马嵬坡时，愤怒的侍卫随从突然发生兵变，处死了杨国忠和杨贵妃。马嵬坡兵变，意味着唐玄宗统治的终结。

叛军逼城，玄宗离宫

755年冬天，安禄山在范阳兴兵，假称奉朝廷密旨发兵征讨杨国忠。当时，各州县守军还没等叛军兵临城下，竟纷纷望风而逃。于是，叛军一路势如破竹，很快就控制了中原的大部分地区。

次年夏天，安禄山带兵打进潼关，玄宗只好丢下臣民，带着杨家兄妹逃出长安。行到马嵬坡的时候，一路上奔波劳顿的随行护卫纷纷表示受不了忍饥挨饿的长途行军，都停下来不肯继续上路。护卫们拒绝前进，给太子李亨和陈玄礼消灭杨国忠制造了一个非常好的契机。

将兵生怨，缢妃杀相

太子李亨和陈玄礼命人在军中散布言论，说这次叛军谋反的根本目的就是讨伐杨国忠，如果杀掉了杨国忠，叛乱自然就会平息。

这时，恰好有一队去长安朝拜的吐蕃使者路过此地，请求拜会唐玄宗。李亨和陈玄礼便设计，命宰相杨国忠前去接待。等到杨国忠走后，李亨立即派人在军中再次散布谣言，说杨国忠跟吐蕃使者密谋造反。于是，在李亨和陈玄礼的授意下，御林军未经审讯就把杨国忠和那些吐蕃使者全部处死了，同时还诛杀了杨家上下几十口人。韩国夫人、秦国夫人和杨国忠的长子大常卿兼户部侍郎杨暄同遭杀戮，而杨国忠的夫人裴柔同虢国夫人逃到陈仓后，走投无路，举剑自尽。

杀掉了杨国忠以后，士兵们依旧不肯继续前行，要求唐玄宗赐死杨贵妃。最后，玄宗在迫不得已的情况下，只好忍痛舍弃了杨贵妃。高力士将杨贵妃缢杀后，士兵的情绪才得以安抚。

杨贵妃的不幸结局使玄宗情绪低落到了极点，随后，他与太子李亨在马嵬驿兵分两路。玄宗继续向南进发，去成都避难；而李亨则向北挺进，集合大唐残部。没过多久，李亨在灵武登基称帝，并尊称玄宗为"太上皇"。

"马嵬兵变"代表着唐玄宗统治的终结。在唐玄宗李隆基当政的40多年里，四海升平，他树立了较高的威信。然而，他在"马嵬兵变"中却无法保全至爱的嫔妃，对于一代帝王来说，这实在是奇耻大辱。六七十年以后，晚唐诗人李商隐在《马嵬二首》中说："如何四纪为天子，不及卢家有莫愁。"其讽刺嘲弄意味跃然纸上。

唐肃宗之死

唐肃宗在乱世中登基，对安史之乱的平定起到了至关重要的作用。在平定叛乱的同时，他秉承开元盛世之余韵，力图解决前朝积弊，为唐王朝的中兴奠定基础。然而，唐肃宗信任宦官，导致宦官专权，也使晚唐因之祸患不断。

担任元帅，负责平叛

唐肃宗原名李玙，后改名李亨，是唐玄宗的第三个儿子，在738年成为太子之前，他的封号是"忠王"。马嵬坡兵变后，李亨受玄宗之命出任"天下兵马大元帅"，成为平定安史之乱的总指挥。

当时由于叛军进逼长安，玄宗遂西逃入蜀，李亨则因百姓苦留而与玄宗分道，带兵北行至灵武。756年夏，李亨在当地登基，是为"唐肃宗"。

757年正月，叛军内乱，安庆绪杀掉父亲安禄山后自立为帝。肃宗马上命郭子仪和李光弼跟回纥借兵后发起反攻。同年6月和10月，西京长安和东京洛阳先后被唐军收复。

758年秋，肃宗令郭子仪和李光弼等九镇节度使率60万大军进攻相州，征讨安庆绪。后肃宗因猜忌郭子仪和李光弼令太监鱼朝恩任监军，全权处理诸事。759年3月，唐军与叛军在相州开战，鱼朝恩胡乱指挥，终使唐军战败，遭受重创。

此时，叛军内部又一次发生内讧，史思明杀掉了安庆绪自立为君，称"大燕皇帝"。759年5月，史思明带兵占领洛阳，很快，他也被亲子史朝义杀害。

重用宦官，受惊病卒

肃宗重用宦官，除了鱼朝恩，他还特别信任奸佞李辅国和程元振，并让这两个人把持朝政。从此，宦官势力横行，再加上肃宗宠爱皇后张良娣，任由她干涉国家大事，更使得张良娣和李辅国狼狈为奸，营私结党，铲除异己。但是，张良娣很快就开始怨恨李辅国权力太大，于是她策划着让越王李系登基，由此，张良娣、李系与宦官李辅国、程元振等人的矛盾进入了白热化阶段。

762年，肃宗染上重病，长时间不能上朝主持政事。4月，玄宗病逝，使得肃宗悲痛欲绝，病症更加严重起来。张良娣和越王李系商量计谋，欲除掉李辅国等宦官。

这时，李辅国得到密报，知道张皇后和李系要有所动作，于是他先下手为强，软禁了太子，逮捕了李系，囚禁了张皇后。肃宗因此受惊，病情急剧恶化，当天就在寝宫一命呜呼。

唐肃宗在乱世之中临危受命，将开元盛世的传统发扬光大，平叛之时也时刻不忘解决前朝积弊，为后继者打下了根基。然而，他致力于平叛和解决前朝积弊，却忽视了宦官及后宫日益膨胀的势力，未能及时剪除此祸患，最终给大唐复兴留下了深重的隐患。此乃肃宗之不幸，亦是整个唐王朝之大不幸。

唐代宗平贼

唐肃宗李亨当皇帝的时候，几乎将所有的精力都用在了平叛上面，可是他一直到死也没有看到叛乱平定。后来，他的继承者唐代宗身兼天下兵马大元帅，带着唐军东征西讨，终于收复失地，将叛军消灭干净，也使得历时8年的安史之乱宣告平定。

率军平叛，收复都城

唐代宗名李俶，是唐肃宗的长子，15岁就被封为"广平王"。他天资聪颖，自幼熟读儒家经典，为人忠孝，谦逊有礼，宽容而不失主见，喜怒都不形于色。唐玄宗有一百多个皇孙，李俶身为嫡长孙，器宇轩昂，相貌堂堂，在众平辈之中可谓首屈一指，因此从小就深得玄宗宠爱。

756年6月，叛将安禄山带兵占领潼关，李俶跟着玄宗和肃宗向西逃往成都。肃宗在灵武登基以后，组建新朝，封李俶为"天下兵马大元帅"，指挥所有将领，元帅府就设在禁中。

757年正月，宰相房琯出

彩绘贴金铠甲骑马俑（唐）

兵，被叛军打败，郭子仪受命回
军凤翔时也在半路上遭到叛军攻
击，大败。因此叛军开始嚣张起
来，几次攻打凤翔。李俶见状，立
即成立了一支敢死队，多次大败叛
军。这样，刚刚建立的朝廷得以安定
下来，也极大地鼓舞了唐军的士气。

狩猎纹高足银杯（唐）

同年9月，肃宗任命李俶为"元
帅"，郭子仪为"副元帅"，带领
唐军及从回纥、西域借来的士兵总计15万，由凤翔向东进兵
讨伐叛军。官兵行至长安之西、香积寺之北，出兵大败叛
军，叛将张通儒出逃，长安得以收复。

之后，李俶命太子少傅、虢王李巨留守长安，他则率
主力部队继续追讨东路叛军。然后，李俶在曲沃（今河南
三门峡）大败安庆绪，随即顺利占领陕城（今河南三门峡
西），不久就夺回了东京洛阳。

歼灭叛军，铲除奸佞

758年春，李俶受封为成王，后又被立为太子，改名
李豫。761年，肃宗身染重疾，无力上朝处理国事，遂命太
子监国。762年，玄宗病逝，肃宗也命不久矣。张皇后怕太
子居功自傲，威胁到自己，就在暗地里与越王李系密谋废
掉太子。宦官李辅国、程元振等人得到消息后，利用禁军
逮捕了李系，并将张皇后囚禁。事发当天，肃宗即病重离

世，李豫在李辅国等人的拥戴下登基，史称"唐代宗"。

李豫登基以后，叛军再次占领东京洛阳，大唐苦难未已。李辅国、程元振因有功于新皇，前者由兵部尚书加封为尚父，后者则被加封为右监门将军。后来，李辅国居功自傲，威胁代宗，代宗免其职，又命人将其暗杀。此后，程元振也因隐匿军情，被代宗流放到江陵。

762年秋，代宗欲倾全力平定叛乱，遂命雍王李适为"天下兵马元帅"，朔方节度使仆固怀恩为副帅，与回纥精兵一起收复洛阳。同时，代宗也命李光弼带兵协助作战。在洛阳以北的横水，唐军杀得叛军丢盔卸甲，顺利收复洛阳。763年正月，史朝义穷途末路，上吊自杀，安史之乱到此终得平定。

安史之乱宣告平定之后，代宗在仆固怀恩的建议下封叛军降将薛嵩为"六州节度使"，田承嗣为"五州都防御使"，李怀仙为"幽州节度使"。这个轻率的决定最终致使河北三镇宣布独立，为中晚唐藩镇林立的局面的形成拉开了序幕。

代宗曾经亲自参与平定安史之乱的战争，夺回两京，登基后更是彻底平定了安史之乱。他重用宦官，却不忘限制其权力，并对其施以惩戒，所以在位时没有酿成宦官之祸。然而，由于考虑不周，他重用叛军降将，又因当时国力衰微，无力征讨宣告独立的节度使，最终养虎遗患，使河北三镇形成藩镇割据的局面。

中唐将帅名臣录

安史之乱时，唐朝涌现出了一批著名将领，他们为平定安史之乱，维护唐朝的统一做出了重要贡献。中唐时期，唐朝为了结束藩镇割据的局面，不断用兵，一批良将迅速成长起来。这两个时期，社会动乱，内忧外患，英雄辈出，名臣叛将相继登场。

郭子仪兴邦定国

郭子仪是陕西华县人，祖籍山西汾阳，唐代名将。安史之乱时，郭子仪任朔方节度使，领军在河北击败史思明。后来，郭子仪联合回纥收复了洛阳、长安，是平定安史之乱的第一功臣，因此升任中书令，被封为汾阳郡王。唐代宗时，叛将仆固怀恩勾结吐蕃、回纥反唐，进犯关中地区，郭子仪采取了结盟回纥，打击吐蕃的策略，保卫了唐朝边境。他一生征战，战绩彪炳，直到84岁才解衣卸甲。

郭子仪侍奉过唐玄宗、唐肃宗、唐代宗和唐德宗4代皇帝，均在朝中担当要职，"天下以其身为安危者殆二十年"。郭子仪为人仁厚随

郭子仪像

和，对国家忠心耿耿，从不计较个人得失，虽然几次因被宠臣陷害而失去兵权，但他仍不计前嫌，一如既往地忠诚报国。唐朝史官裴垍赞誉他："权倾天下而朝不忌，功盖一代而主不疑，侈穷人欲君子不之罪。"

李光弼从严治军

李光弼是辽宁朝阳人，中唐时期名将。李光弼自幼不苟言笑，沉静内敛，性格刚强，非常喜欢读书。李光弼成人后应征入伍，因立有战功，被授予"安北都护史"。746年，李光弼受到著名将领王忠嗣的青睐，被擢升为"兵马使"。754年，军功显著的李光弼被晋封为"朔方节度副使"，后又以"户部尚书"的身份兼任"太原尹"。

李光弼像

李光弼谋略过人，擅长用奇兵，他在多年军旅生涯中积累了大量的行军作战经验，常常能够以柔克刚、以弱胜强，而且治军有方，军纪严谨，后世之人称赞道："自艰难已来，唯光弼行军治戎，沉毅有筹略，将帅中第一。"李光弼在镇压安史之乱、稳定边境局势等方面功绩显赫。史学家赞誉他"与郭子仪齐名，世称李郭，而战功推为中兴第一"。764年秋天，年仅57岁的李光弼忧郁成疾，在徐州病逝。

田承嗣割据自立

田承嗣是河北人。唐玄宗执政中期，田承嗣在安禄山的手下任"卢龙军前锋兵马使"，因战功显赫又被提拔为"武卫将军"。他治军严谨，有勇有谋，所以颇得安禄山的赏识。

安史之乱时，田承嗣是安史叛军中的一员猛将，他骁勇善战，诡计多端。归顺唐朝以后，田承嗣成为藩镇群雄中最具霸气的一位节度使，成为藩镇中的领军人物。他不但赫然出兵夺取州郡，还明目张胆地与朝廷作对，首开河北三镇割据称雄的风气。而且，从这以后，唐朝的藩镇割据势力逐渐演变成为唐朝的真正统治者，唐朝由此开始加速走向灭亡。

文官俑（唐）

仆固怀恩反唐

仆固怀恩，铁勒族仆骨部人，从小勇猛坚毅。仆固怀恩为人沉稳寡言，待人接物从容和缓，但是他个性刚烈，屡次犯上，有不同意见的时候，他宁可顶撞主将也在所不惜。在平定安史之乱的过程中，仆固怀恩骁勇善战，每次作战，他都一马当先，实为一员猛将，他的家族中也有不少人为国捐躯，甚至连他的女儿也为了笼络回纥而远嫁。平叛后期，仆固怀恩更是立有大功，是令叛军闻之而色变的一员骁将。在唐朝中兴之将中，仆固怀恩的功勋仅居于郭子仪、李光弼之下。然而,唐朝末期朝政腐败,宦官当道,皇帝与大臣心存芥蒂,终于使肱骨之臣变成乱臣贼子。仆固怀恩居功自傲,借兵反唐,这场叛乱持续了三年,他两次利诱藩兵大肆进攻中原,对国家和人民犯下了不可饶恕的罪行。晚唐时,朝廷内有藩镇作乱,外有吐蕃虎视眈眈,这种内外交困的形势正是由于仆固怀恩的叛变促成的。

刘晏经世济民

刘晏,字士安,祖籍山东东明,唐中期杰出的理财家。当时,唐王朝刚刚经历安史之乱,经济遭受重创,国家财政困难,百姓生活更是难以为继。刘晏主管财政之后,力挽狂澜,推陈出新,力主"民不加赋,而国丰饶"的经济改革,采取了一系列的利国利民的举措,对缓解国家财政危机,起到了关键作用。

刘晏身居高位,又兼数职,并且执掌国家财政大权,可他却清正廉明,崇尚节俭,处事公正,任人唯贤。刘晏在执掌国家财政大权之后,趋利避害、破旧立新、任人唯贤、祛除弊政,他所推行的"民不加赋,而国丰饶"的经济改革取得了重大成就,有力地缓解了政府的财政危机。时人将刘晏与管仲、萧何相提并论,誉其为"管、萧之亚",这是对他理财能力的极大肯定。

唐德宗削藩

762年，唐德宗登基，他在位期间，发愤图强，整饬吏治，不宠宦官，提倡节俭，整顿财政，施行两税法，大大充实了国库。为强化中央集权，德宗确定了以藩制藩的战略思想，力图一举结束藩镇割据的局面。无奈德宗徒有削藩之志，却无任何能够付诸实践的策略，只是固执地认定军事打击的重要性，致使战火四处蔓延，却最终达不到削藩的目的。

讨伐藩镇，妥协而终

唐德宗名李适，是唐代宗李豫之子。763年，叛将史朝义占领东京洛阳，李适受代宗之命担任"天下兵马大元帅"，统率大军征讨史朝义。很快，河北被平定。779年，李适登基，37岁的他正值壮年，因此踌躇满志，欲复兴大唐。

安史之乱平定后，唐王朝内外交困，但朝廷最大的威胁还是藩镇割据势力。当时，河北和淮西的藩镇实力最为雄厚，不仅有自己的军队，还建起了官吏体系，他们在各自的辖境征税，却不向朝廷上缴，甚至狼狈为

双身龙耳白瓷瓶（唐）

奸，一起跟朝廷作对。肃宗和代宗在位的时候，朝廷无力削藩，因而总是一味妥协。

德宗见藩镇越来越嚣张，再也不愿忍气吞声，于是决意削藩。780年，他采取宰相杨炎提出的措施，颁布两税法，以充实国库，为削藩积攒经费。

781年，德宗着手武力削藩。后来，各藩镇为了保障自己的利益，起兵反唐。卢龙节

唐德宗墓碑

度使朱滔自称冀王、成德王武俊称赵王、淄青李纳称齐王、魏博田悦称魏王，"四镇"以朱滔为盟主，联合对抗朝廷。782年，唐将李希烈自封为"天下都元帅"，起兵反唐。他兵强马壮，粮饷充足，在诸叛将中力量最为雄厚。他命令手下到处烧杀抢掠，同时围攻郑州，进逼东都洛阳。李希烈造反，使战火从河北蔓延到河南。不久，因唐德宗指挥不力，官兵屡战屡败。其后，官兵无力削藩，藩镇亦无力主动进攻，两方开始相持不下，德宗对藩镇的态度又由强硬转为姑息。

宦官干政，宠幸奸臣

唐德宗原本不宠信宦官，但是朱泚泾原兵变时，太监窦文场和霍仙鸣护驾有功。之后德宗便改变了对宦官的态度，开始命他们统领禁卫军。

兴元初年，唐德宗又命令窦文场担任"神策军左厢兵马使"，从此宦官开始染指兵权。德宗返回京城后，对很多久经沙场的将领心存芥蒂，这些人之中只要是有一些兵权的，全被德宗免职，窦、霍二人则受命统领神策军。

796年，唐德宗专设护军中尉之职，命窦文场担任左神策军中尉，霍仙鸣担任右神策军中尉，两人一同指挥神策军。后来，神策军人数增加到15万，从此，"窦、霍之权振于天下，藩镇节将多出禁军，台省清要时出其门"，为晚唐宦官把持朝政、掌控兵权、行废立之事留下了隐患。

建中年间，唐德宗器重奸相卢杞，致使颜真卿等良臣惨遭杀身之祸，还使天下更加动荡不安。贞元年间，他转而重用佞臣裴延令，命其掌控财政大权。799年，唐德宗令恃宠而骄、胡作非为的常州刺史李铸担任"浙西观察使"兼"诸道盐铁转运使"。

805年，唐德宗病死，终年64岁。他做了26年皇帝，自认为有所建树，实际上，他不但未使天下归于安宁，还让国家再次陷入动荡之中。

打毬女陶俑（唐）

德宗朝重臣

唐德宗执政期间，力图发奋图强，中兴唐朝，于是极力征讨各拥兵自重的藩镇，欲重振大唐雄风。这一时期，出现了李怀光、李晟等名将，杨炎、陆赞等名臣，他们对唐朝的发展做出了很大贡献。

功勋叛臣李怀光

李怀光，祖籍辽宁，本姓茹，后因战绩显赫被赐国姓。李怀光性情暴躁，奸诈狡猾，疑心甚重。他少年时即投军，因屡立战功，一步步升到"都虞侯"。德宗初年，李怀光担任"刑部尚书"兼"邠宁、朔方节度使"，曾受命抗击吐蕃，令吐蕃人闻风丧胆，从此不敢南侵。

李怀光统领重兵，在平定反唐叛乱的过程中立下了赫赫战功，却也因此遭奸臣嫉恨、诽谤，故一直怀恨在心。784年，李怀光身兼"检校左仆射""灵州大都督""邠宁节度使"等职，他趁泾原发生兵变、德宗陷于险境之时，公然谋反，与朝廷作对，使暂时得到缓解的紧张局势再度剑拔弩张，但最终落得个身首异处的悲惨下场。

力挽狂澜的李晟

李晟，字良器，祖籍甘肃，其家族陇西李氏是名门望族，其祖父和父亲都是驻守陇右的大将。李晟秉性刚正，擅长骑射，酷爱钻研兵法，18岁便投军，在大唐名将王忠嗣麾下任职。李晟因在沙场上有一夫当关之勇而威震河西。李晟不但武艺超群，而且长于谋略。他为人嫉恶如仇、清正廉明。

李晟生于唐末，当时边境不宁，各地藩镇据守一方。李晟对唐朝一片赤胆忠心，他久战沙场，既骁勇善战，又足智多谋，具有出色的军事才干。他在平朱泚之乱，剿李怀光叛军，扭转唐朝灭亡局面，在奋力保护西北边防安全和抵制吐蕃的一系列战争中立下了汗马功劳。他凭着对国家的赤诚之心和智勇双全的本领救大唐于危难之中，成为流芳百世的一代名将。

公报私仇的杨炎

杨炎，字公南，陕西凤翔县人，是唐代的经济改革家，因创制两税法而誉满天下。他才华横溢，文学造诣很高，在当地人中颇有名气。杨炎以举贤荐才而称誉朝野，很多士人都愿投其门下。他曾被贬谪流放，后升迁为"辅相"，进而独揽国政。

德宗期间，他为相两年，在财政上大胆革新。他把国家财赋从由宫中宦官管理的皇帝内库重新移回左藏库，恢复了唐朝前期国库收入与皇帝私有财产分离的原则，维持了由国库掌管财政收支的制度。但他公报私仇，诬陷贤良，引起朝野上下的反对，最终遭佞臣卢杞设计陷害，可谓咎由自取。

虽然杨炎为人气量狭小，傲慢自大，睚眦必报，但他实行的税法改制，却使国家财政收入与宫廷消费之间的钱物分配逐渐形成制度，对唐后期的财政管理制度产生了积极的影响。

政经专家陆贽

陆贽，字敬舆，苏州嘉兴（今属浙江）人，他才华横溢，文辞出众，品行刚正，克己为人。陆贽自东汉末就是当地的名门望族，但陆贽出世时，家业已经开始败落。其父陆侃曾出任县令，早年离世，陆贽由母亲教育长大。

他为相期间，励精图治，针砭时弊，制定下宏伟规划，为国家献计献策。他曾多次上书德宗，请求皇上能体察民情，广开言路，虚怀纳谏，轻徭役，举贤能，广储粮草，减少征战。正是由于他的长远之见和高明之举，才挽救了岌岌可危的大唐政权。

陆贽是一代名臣，后人对他的学识修养、德行品性不胜景仰，苏东坡称赞他"才本王佐、学为帝师"。陆贽一生著作颇丰，却只有文集《陆宣公集》传至今世。文集中剖析政治的文章都是脍炙人口、千古传颂的佳作，被誉为"经世有用之言"。陆贽是唐朝中期著名的政治家，但是因为当时藩镇割据，社会秩序混乱、政治腐朽，致使他胸怀才学却得不到充分发挥。陆贽的思想对中国封建社会产生了极大的影响。后人在《新唐书》中给予了陆贽极大的肯定，赞誉他的论谏"可为后世法"。

王叔文变法

　　唐德宗心胸狭窄，贪得无厌，宠信宦官，放纵藩镇，使唐朝危难不断加剧。805年，唐顺宗即皇帝位，他登位后为整治朝纲，稳固政权，富国强兵，任用王叔文等实行改革。但是因为改革遭到了守旧派的破坏，而革新派又势单力薄，无法与守旧派抗衡，结果以改革失败而告终。

伴读东宫，参与朝政

　　王叔文，浙江绍兴人。他出身贫寒，博通经籍，精通用兵之道，从小就胸怀大志，深谙治国安邦的道理。此外，他还通晓弈理，棋艺高深。唐德宗时，王叔文曾任"棋待诏"，负责在东宫陪侍太子李诵下棋。太子对王叔文十分敬重和信赖，东宫的大小事情几乎都由王叔文来定夺。

　　804年，太子因患中风而不能说话。次年正月，唐德宗驾崩，太子即位，后称"唐顺宗"。顺宗因无法言语，将朝政事务交由王叔文来打理。

　　王叔文将策略制定后，必须有人推行实践。因此，王叔文又推荐韦执谊为相，由他在中书省负责决策的执行。大臣报告事务、请求任务，都得先经韦执谊，然后经王叔文，又经王伾，再经宦官，最后才到达顺宗那里。

　　此外，另有刘禹锡、柳宗元等人担任信息的收集整理工作，负责处理各种反馈建议，将其删繁去简，整合提炼，以供参照。805年2月，唐顺宗任命王叔文为"翰林学士"，王伾为"翰林待诏"。3月，王伾也被提升为"翰林学士"。在此期间，王叔文还推荐好友凌准为"翰林学士"。至此，以唐顺宗为中心，由翰林学士王叔文为主导的改革集团正式形成了。

发动变法，改革失败

自此，王叔文集团开始着手实施改革，史称"永贞革新"。

首先，将财政大权收归中央。王叔文认为财赋是一国之本，只有把持财权，才能牵制藩镇割据势力，强化中央集权。因此，王叔文将盐铁利权转归朝廷掌握。

其次，极力克制藩镇势力。安史之乱后，逐渐形成了藩镇割据的局面，各藩镇据守一方，极其猖狂。如何抑制藩镇势力，重建中央集权，成为朝廷必须正视的问题。

最后，解除宦官的兵权。王叔文命右金吾大将军范希朝为右神策统军。可是因为神策军将领大多是宦官的心腹，因此当范希朝去接任时，他们坚决不肯交出兵权，范希朝一无所获。

恰逢此时，王叔文母亲因病辞世。按旧例，他应离职尽孝。王叔文只得离职回乡。王叔文一离开，革新派就失去了主导。韦执谊也大张旗鼓地与革新派决裂。当时，太子李纯还未即位，宦官势力就心急火燎地展开了对革新派的清查。805年秋，王伾被贬为开州司马，王叔文被贬为渝州司户。不久，李纯在宣政殿正式登基，即唐宪宗。后来，宦官势力又将韦执谊贬为崖州司马。唐宪宗元和元年，宪宗下诏赐王叔文死，是时，王叔文54岁。至此，永贞革新以失败告终。

中兴明帝唐宪宗

　　唐朝中兴之主唐宪宗在位时，面对政治黑暗、藩镇林立的动荡局势，他大胆用兵，进行了大刀阔斧的改革，并取得了显著成效，使日渐衰败的大唐呈现出中兴气象，宪宗也由此得到"中兴明帝"的赞誉。但到了宪宗统治后期，因其信任并重用宦官，也导致了唐末宦官专政局面的形成。

重用人才，打击藩镇

　　唐宪宗，名李纯，唐顺宗长子。788年，李纯受封"广陵王"，805年4月，被立为太子，并于8月登基。

　　宪宗是一位奋发有为的皇帝，他即位后，励精图治，效法历代明君，积极治国理政。为了扭转当时朝廷势弱、藩镇势强的局势，他改变了过去朝廷对藩镇的姑息政策，重用人才，平定藩镇叛乱，终使"中外咸理，纪律再张"，出现了"唐室中兴"的盛况。

　　唐宪宗先后掌握了剑南西川、镇海、魏博三镇

唐宪宗像

节度使的任免权。后来，宪宗又委派别的将军到河北各地担任节度使，期望能够革旧图新、彻底削藩。但是，尽管宪宗竭尽全力想消除河北诸镇藩帅世代传承的弊病，却没能实现。除此之外，宪宗征讨成德（今河北正定）节度使王承宗也未获成功。原因归结为一点，就是当时尚不具备彻底削藩的客观条件，宪宗也无能为力。但是经过他的大力削藩，藩镇的势力在很大程度上得到削减。

晚年昏聩，暴崩皇宫

由于朝廷连年征战，用尽了德宗以来储备的所有钱粮，基于此，唐宪宗任用李巽掌管财政，可是李巽却增加赋役名目和额度，大肆盘剥百姓。此外，宪宗削弱数藩后，居功自傲，穷奢极欲，这就大大加重了百姓的负担，致使逃民遍布全国。

宪宗晚年，与先王太宗、代宗等一样，开始听信道士妖言，他为求长生不老，还专门求服灵丹妙药。820年正月，宪宗卒于中和殿，时年43岁。宪宗虽大力削藩，却不彻底清除宦官，反而对其宠信有加，维持了宦官神策军中尉的兵权，结果削藩得胜，却死在了宦官手上。

唐宪宗在位期间，他励精图治，与臣子上下一心，在削藩战争中取得了一定的成功，重新树立起大唐王朝声威，创造出中兴局面，因而在唐朝历代皇帝中，唐宪宗能与唐太宗、唐玄宗共同受到后世的高度赞誉。尽管宪宗没有开创太宗和玄宗时代的升平盛世，却能够和他们并驾齐驱，这也表明他的历史功绩同样不可磨灭。

悲情皇帝唐文宗

826年，在宦官拥戴下，唐文宗称帝。文宗统治期间，厉行节俭，宵旰图治，可他虽有当明君的抱负，却缺少治国的才能，不仅被宦官掌控，还被朋党压制，加之诸藩镇势力日盛，因此他虽在位时间很长，却一事无成，最后抑郁而终。

朝臣争斗，被扶上位

唐文宗李昂，原名李涵，是唐穆宗的第二子，唐敬宗的弟弟。当年，宦官刘克明谋弑敬宗后，矫诏立宪宗之子绛王李悟为帝，举朝上下没有人反对。后刘克明欲统揽大权，与宦官王守澄渐渐对立起来。王守澄于是先命禁军杀死了刘克明等人，继而立江王为帝，即"唐文宗"，文宗后更名为李昂。826年，文宗正式登位。

鸿雁折枝花纹银杯（唐）

勤勉听政，生活节俭

文宗在位期间，他的一举一动相比敬宗，可谓是榜样。敬宗执政时，常常连续数天不坐朝；而文宗却勤于政事，单日必上朝听政。每次上朝理政时，各类时事他都会问及，上至财政储备下至选拔官员，大到灾区情状小到农田开垦，各项政策从制定到贯彻执行，他都要细致地与朝臣商讨，所以他每次上朝的时间都很长。文宗为了不耽误单日的上朝议政，还提议把各种节日庆典都安排在双日进行。

黑釉蓝白云纹双系执壶（唐）

另外，文宗还鼓励谏官进谏。在生活上，文宗身先士卒，崇尚节俭，力避奢靡。在膳食上，文宗一向食不累味，特别是每当各地有灾情时，他就将膳食标准降低。在穿着上，文宗提倡衣不重采。文宗从不贪图享乐，沉迷酒色，他在听朝理政之外，大部分时间都用来读书。文宗学富五车，博学多闻。他不仅通读古书，对同时代文人的文章也十分关注。

当时宦官把持朝政，皇帝形同虚设，文宗最终因无法挣脱宦官的掌控而抑郁成疾。840年，文宗病逝，终年32岁。

后人评价文宗：虽然懂得做帝王的方法，却缺少了做帝王的才略。也就是说，尽管文宗勤于政事、厉行节约，但因为他没有治国之才，还是无法铲除祸害。

甘露之变

唐末，国家危机重重，矛盾尖锐，尤其是宦官掌管禁军后，他们开始总揽朝政，不仅掌握着朝臣的任免，还控制着皇帝的废立。为了稳定统治，加强中央集权，挣脱宦官的操控，835年，唐文宗开始打击宦官。但宦官们没有坐以待毙，因此，他们开始进行反击。

宦官专权，文宗反击

唐中期，宦官因掌管禁军，进而得以独揽朝政，他们既持有朝臣的任免权，又握有皇帝的废立权。自唐宪宗以后，唐朝历代皇帝中只有唐敬宗是以太子身份即位，其余的都是被宦官拥戴登位。

在此种情况下登基的唐文宗，不甘受制于宦官，打算给予反击。827年，文宗将所有由宦官引荐的道士和歌舞艺人一律流放到岭南。829年，文宗下诏，令凤翔（今陕西西部、甘肃东部）、淮南（今安徽寿县）二道官员将以前选入宫室的女乐人通通遣送回原籍。他还释放宫女3000人，裁减教坊乐工、内监等1000人，并取消打猎之事，将专供打猎的五坊飞禽

长沙窑 荷花纹水注（唐）

全部放掉。此外，他还严禁各地进献奇珍异宝、绫罗绸缎等。唐文宗的这些举措，是对宦官企图让帝王在声色犬马的生活里消磨意志的一种反击。

继而，文宗通过科举考试大力选拔人才，旨在改变宦官专权的政治局面。大和二年（828年），唐文宗诏令进行"直言极谏科"的考试。

830年，文宗提拔宋申锡为"宰相"，想通过他根除宦官势力。宋申锡曾任朝廷"监察御史""礼部员外郎""翰林学士"等官职，才华横溢，以清明廉洁、不结党营私而闻名朝野。后来，宋申锡在筹划清除宦官势力时，因走漏了风声，而被宦官探听到消息，致使宦官先下手为强，以谋反罪诬陷宋申锡。831年，宋申锡被罢官贬谪，就这样，打击宦官势力的首次计划破产了。

密谋泄漏，事变失败

自宋申锡之事后，宦官王守澄为防止再发生此类事情，开始派人密切观察文宗的一举一动。

834年，王守澄举荐郑注为御医，专门给文宗看病；又举荐亲信李训给他讲解《易经》。自此，这两个人成了文宗的随身侍臣，文宗的任何言行举止都在他们的严密注视下。文宗知道王守澄安排他们是为了监视自己，就变被动为主

三彩双鱼壶（唐）

动，他赐给这两人高官厚禄，最终使他们为己所用。通过他们与这二人的合作，文宗相继除掉了谋弑宪宗的宦官杨承和和王守澄等人。

835年，大将韩约在早朝时禀告说皇宫庭院里的石榴树上夜降甘露。宰相李训趁机说这是吉兆，表明上天要赐福给大唐，并建议皇帝亲自去拜谢天旨，为国祈福。文宗命群臣先去观看，随即，又命神策军左右护军中尉宦官仇士良、鱼志弘等人带领所有的宦官一同前去看个究竟，并迅速回来

三彩鸡头壶（唐）

报告，再决定是否前去拜天。仇士良等人到达庭院后，见韩约神色慌张，又察觉到周围有伏兵，纷纷仓皇而逃。于是，铲除宦官的计划又一次以失败告终。

各位宦官逃出后，立即强行让文宗进入宫内。李训等人立即上殿护驾，与宦官厮杀起来。李训等人奋力相拼，诛杀数十个宦官。但因宦官人多势众，文宗最终被威逼进入宣政门。接着，宦官立即紧闭宫门，朝臣接连散去，李训也逃难去了。

宦官逼迫文宗进入内宫后，立即率神策军握刀而出，见人就杀。继而又将城门关闭，在城内大肆搜寻，又杀死千余人。很快，所有参与此事的官员，都被诛杀了。事件发生时，郑注正率军奔赴长安，途中得知事情有变后，他立刻返回凤翔，后来也被杀死。自此，甘露事变以宦官的胜利结束了。

晚唐文臣武将

摇摇欲坠的唐王朝在晚唐时期虽然内忧外患，皇室衰微，但是这一时期依然出现了很多杰出的名臣良将，比如裴度、李愬、李德裕、牛僧孺。他们力挽狂澜，充分发挥自己的聪明才智，平定叛乱，理顺朝政，使得唐王朝的统治得以延续。然而，唐王朝的弊病已是积重难返，走向灭亡已是必然之事。

晚唐重臣裴度

裴度，字中立，山西闻喜人，唐代后期著名的政治家，是历经代宗、德宗、顺宗、宪宗、穆宗、敬宗、文宗七朝的元老级人物。他为将相20余年，以其"威望德业"而为世人景仰，时人每论及将相，都"推度为首"。裴度任相时，犯颜敢谏，竭力牵制宦官越权干涉政治，捍卫了

裴度像

宰相及朝中大臣的政治权力，保证了政府机
关职能的发挥。他秉性耿直，痛斥宦官专
权，多次冒犯对宦官宠信有加的宪宗。
终于，819年，他因惹恼宪宗，遭受贬
谪。宪宗驾崩后，裴度又曾在穆宗、
敬宗、文宗三朝为官，在当时享有"勋
高中夏，声播外夷"的美誉。但因为当
时宦官专权，政治黑暗，他虽有治国
才略，却得不到皇帝的重用，所以，
在他为官后期，并无太多功绩。839
年，裴度因病卒于洛阳。

晚唐重臣裴度，以文人身份应
世，善于策划用兵、指挥作战，
挺身讨伐叛逆，平定了淮西之
乱，成为中兴唐朝的名臣。他为
官期间，直言敢谏，压制了宦官

李德裕像

涉政，捍卫了宰相、朝臣的政治权力，树立起朝廷的威
严，在整肃朝纲、治国、平乱、中兴大唐的过程中贡献
极大。

晚唐名将李愬

李愬，字元直，甘肃人，唐代名将李晟之子，因其父
功勋而受封"卫尉少卿"。唐宪宗年间，淮西节度使与河
北诸镇暗通，雄踞一方，危害朝廷。814年，淮西节度使向
朝廷提出掌管蔡州的要求，企图在淮西称霸。唐宪宗对淮

西藩镇的愤恨由来已久，坚决回绝了他们的请求。淮西节度使借此起兵叛乱，占据蔡州，宪宗派李愬率兵前去平定叛乱。李愬一生东征西讨，南攻北伐，纵横沙场，平定淮西之乱只是其中的一次征战而已。他在挽救唐朝的危险局势，平复乱军，维护唐王朝的统治中立下了汗马功劳。

万世良相李德裕

李德裕，字文饶，河北赵县人。他出生于官宦之家，乃名门之后，祖父李栖筠曾受封"御史大夫"，父亲李吉甫也曾两任宰相。李德裕自小就胸怀大志，勤奋好学，通读经典。他聪慧过人，很讨宪宗喜欢。

永徽比丘法律泥佛像（唐）

李德裕在宪宗、穆宗、敬宗、文宗、武宗、宣宗六朝都曾任职，堪称国家的元老重臣。他任职期间，注重边防警卫，主张削藩，加强中央集权，革除旧弊，积极进取，选贤任能，政绩卓著，在政治和军事上都很有作为，在一定程度上缓解了唐末内外交困的局势，被誉为"万世良相"。但是令人叹惋的是，一代名相最终却因朋党之争而"功成北阙，骨葬南滇"，实为一大憾事。

清廉之臣牛僧孺

　　牛僧孺，字思黯，甘肃灵台人，805年举进士。3年后，他以"贤良方正"对策，抨击朝廷失政，切中时弊，但因触犯宰相李吉甫，而遭其憎恶。820年，唐穆宗即位，擢升牛僧孺为库部郎中，同年秋天，改任御史中丞，后历任户部侍郎、宰相等。848年，牛僧孺因病去世。

　　牛僧孺在唐朝宦官专权、藩镇嚣张、皇室衰微的政治局面下，

凤凰纹瓷执壶（唐）

以"方正敢言"入仕做官。他抨击弊政，执法公正，清正廉洁，不追求功名利禄，朝臣称赞他"清德可服人"。他在清除官僚贪污贿赂、卖官鬻爵等各种不正之风上贡献很大。但在为官后期，他却贪图眼前安逸，不顾长远，与李宗闵结党，排挤政敌，最终导致持续了几十年的朋党之争爆发，大大削弱了唐朝的统治。当然，在封建社会里，他身居高位，能够洁身自好，不为金钱所动，敢言直谏，秉公执法，力惩贪官污吏，他的品德与行为，仍然令人敬佩。

朋党之争

　　朋党之争是唐后期统治阶级内部不同派别之间的争斗。其从萌芽到终结，历时近半个世纪。这场旷日持久的政治集团争权战，在中国历史上十分有名，它极大地消耗了统治集团内部的力量，加剧了唐王朝的衰弱。

出身分歧，结党相争

　　"牛李党争"指唐朝后期统治阶级内部以争权为主的派别斗争。牛僧孺是牛党的首领，李德裕是李党的首领。牛李党争前后持续了40多年，是我国历史上影响最大的一次朋党之争。

　　808年，朝廷以"对策"选官，举人牛僧孺、皇甫湜和李宗闵三人在对策中抨击时政，揭露了朝纲败坏、贪官横行的种种现状，切中时弊。主考官杨於陵和韦贯之上奏朝廷优先录用他们。宰相李吉甫却不以为然，上奏宪宗以评卷不公之罪要求罢免杨於陵、韦贯之以及复试官裴垍、王涯4人。

　　唐宪宗先罢了杨、韦、裴、王四人的官，并将他们流放，同时还拒绝录用牛僧

人俑（唐）

孺等三人。此事发生后，举朝震惊，群臣极其愤慨，纷纷为牛僧孺等人鸣不平。宪宗迫于压力，罢了李吉甫的相，贬他为"淮南节度使"，同时召回被远放的翰林学士裴垍，任他为相。这次因对策而引发的升贬进退的事件发生后，朝中大臣也自然而然地形成了两大对立党派。此后，唐朝所有的政治活动，都带有明显的党派相争的政治色彩。

821年，牛党重要人物礼部侍郎钱徽主持进士考试，出任主考官的右补阙杨汝士也属牛党一派。这次科考他们共录取14名进士，牛党要员李宗闵的姑爷苏巢、杨汝士的弟弟杨殷士、宰相裴垍的儿子裴撰，都榜上有名，其余的11位进士也都是有家世背景之人。榜单公开后，前任宰相段文昌立刻上奏穆宗，说考官在录取进士过程中有营私舞弊之嫌。

是时，李德裕、元稹、李绅等担任"翰林学士"一职，唐穆宗向李德裕了解真相，李德裕回答说确实有舞弊行为，元稹和李绅也为取士不公正而愤愤不平。于是，穆宗重派官员举行复试，结果最初入选的14个人中，除3人勉强合格外，其余的全不合格。钱徽、李宗闵、杨汝士三位牛党人物因此被贬官远放。进士考试是牛李党争的诱因，也是促使牛李二党结怨加深的原因。从这以后，牛僧孺对李德裕怀恨在心，牛李党争随之进入了争斗阶段。

互相拆台，祸乱朝政

李党首领李德裕在为官期间，经常体察民情，了解民意，体恤百姓冷暖，因此在民间有口皆碑。他主张树立朝廷威严，捍卫国家统一。

830年，李德裕出任"剑南西川节度使"，次年，吐蕃统帅悉怛打算将其占领的维州（今四川汶川西北）归还给唐朝。李德裕立即派兵入驻维州，接管当地事务，并上奏章给朝廷提出克敌制胜、维护边疆安定的计划。当时，牛僧孺任宰相，他认为唐与吐蕃已经订立盟约，不应该背信，破坏友好关系。唐文宗采纳了牛僧孺的意见，下诏让李德裕的军队立刻撤离维州，并将已投降的悉怛遣归吐蕃。自此，牛李两党的对立进一步加深。

840年，文宗因病去世。第二年，唐武宗登位，年号"会昌"。武宗即位后，牛党逐渐失势，李德裕应诏回朝任相，李党独揽大权的阶段自此开始。武宗极其宠信李德裕，视其为心腹，凡事都按照他的意思办，这是李德裕自入仕以来最得势的时候。

李德裕此次出任宰相，独揽大权，政由己出，不受牛党牵制，在平乱、败回鹘、废佛等方面政绩卓著，口碑颇佳。但他执政时，独行其是，打击政敌，不仅被牛党忌恨，也遭宦官指诉。

846年，武宗死后，唐宣宗继位，李德裕好运终了，厄运来临。因宣宗一直对李德裕独断专行的做法心怀不满，所以即位之初即免去了他的相职，将其贬为"东都洛阳留守"，并将李党逐渐驱逐出朝廷，改用牛党的令狐绹、崔铉等人为相，牛党领袖牛僧孺也再次入朝任职。不久，李德裕又由"东都留守"，被再贬为"潮州司马"，又加贬为"崖州（今海南岛琼山东南）司户"。大中三年，李德裕因病去世，至此，持续了40多年的牛李党争终于结束了。

武宗大力灭佛

唐朝时，因各寺院享有免税的权利，所以剃度为僧以及附属到寺院做佃农的人越来越多，造成政府财政收入大大减少。到肃、代二帝时，寺院不仅拥有雄厚的经济实力，还设立了"法僧"和"僧兵"，拥有了独立的武装力量。所以，从中央到地方，朝廷与寺院的矛盾越来越深。840年，信奉道教的唐武宗决意废佛。

佛事昌盛，危及国政

佛教是西汉末年传入中国的，经过各个朝代的发展，到唐朝时已与儒、道思想鼎足而立，成为中国三大主流意识形态之一。佛教能由外来宗教演化为本土宗教，是与历代统治者的大力支持分不开的，他们笃信佛教，支持佛教事业，鼓励剃度为僧，广建寺院。

唐初期，全国僧尼已达十几万人，其衣食住行一律由朝廷供给，这大大增加了国家的经济负担。鉴于此，624年，唐高祖强迫僧尼还俗，并给予婚配，这样做不仅能增加劳动人口，促进生产发展，还能使他们服兵役、徭役。这项措施大大改变了唐朝初期人口减损和经济萧条的状况。

唐太宗即位初期，大力提倡道学，抑制佛学。但玄奘西行天竺取经回朝后，唐太宗曾亲自为他译制的佛经作序，这表明唐太宗的宗教信仰发生了变化。到了武则天执政时期，佛教变成了她执政时期统治人民的工具，所以佛教在此时达到鼎盛。

文殊菩萨（唐）

唐朝免除寺院的一切税赋，致使剃度为僧或归附寺院做佃农的人日益增多，政府的财赋收入却越来越少。佛教在唐肃宗和唐代宗时，获得了较大的发展，进入全盛时期。到了肃宗、代宗执政时，寺院不仅拥有雄厚的经济基础以及政治上的特权，还设僧兵，建有自己的军队，唐朝的中央和地方与寺院之间的矛盾日益尖锐。

矛盾尖锐，武宗灭佛

唐武宗是一位极力推崇道教的皇帝。早在即位之前，他就沉迷于道术，甚至为了让自己能长生不老而修炼道功。即位后，他下令设立祭坛，开始潜心学习道术，炼制并服食丹药，道教由此兴盛。

840年，武宗先召道士赵归真等81人进入皇宫修建道场。不久，他又召衡山道士刘玄静入宫，并给他加官晋爵。后来罗浮道士邓元起又被召入宫炼制丹药，并教武宗修炼长生之术。

845年，武宗下诏彻底查清全国所有寺院数量与僧尼人数，又下令仅长安和洛阳左右二街各留寺庙2所、僧人30名，其他各州县各留寺院1所，并把寺院分上、中、下三等，分别留僧20人、10人、5人。同年秋，武宗再次下令在规定日期内拆除所有寺院。此次废佛举动史称"会昌废佛"。

摩羯纹金花银盘（唐）

在这次废佛行动中，共拆除寺庙近5000座。拆下来的木材等用以补葺房屋等公用，金银佛像等入国库，铁制佛像则在熔化后用于铸造农具，铜像、钟和磬等物用以熔铸货币。此外，这次行动还没收了寺院良田数千万顷、男女奴仆15万人，并迫使26万多僧尼还俗，释放了为寺院服役的百姓50多万人。

武宗的废佛之举，使政府收获了大量财物和田地，还增加了税户，节省了财政支出。虽然"会昌废佛"从主观上来说是武宗以崇道排佛为目的，但从客观来讲，废佛仍是利国利民之举，应该给予肯定。

装傻皇帝唐宣宗

846年，唐宣宗继位。他在位时，明察秋毫，执法公正，虚怀纳谏，奖惩分明，厉行节约，仁爱治国，有"小太宗"之誉，历史学家称他统治的13年为"宣宗之治"。

韬光养晦，装傻即位

唐宣宗李忱，原名李怡，是唐宪宗第十三子，唐穆宗之弟。宪宗死后，他的第三个儿子李恒继承皇位，称唐穆宗。

穆宗的儿子文宗登基后，不但不尊重李忱，还对其大加羞辱。一次，文宗设宴请客，酒过三巡，他竟迫使李忱发言以供消遣。文宗甚至因为李忱曾被穆宗封为光王，而有失尊重地笑称他为"光叔"。尽管文宗的行为极尽戏弄、嘲笑、侮辱之意，但李忱一直默默忍受，保持镇静，不予反抗，也从不憎恨。长此以往，人们都以为李忱是个傻瓜。

金杯和金釦玉碗（唐）

李忱装傻，是为了欺瞒别人，保住性命。文宗死后，他的弟弟武宗即位。武宗在位时，没有立太子，等到他死的时候，他的五个儿子都还小。于是宦官们都想趁这个机会，选择继承皇位的人，以便将来能操控皇帝。经过协商，他们一致推举李忱为帝，人们以为他傻，立他为帝可以完全操控他。就这样，847年，大宦官马元贽拥护李忱为帝，即唐宣宗。

改革弊政，中兴明帝

宣宗登位后，首先罢免了武宗时期的宰相李德裕，将他贬官出朝。接着，他又任用牛党白敏中为宰相。

宣宗为政勤勉，励精图治，喜读《贞观政要》。他整治官吏，以加强对皇戚和宦官的控制。他曾为死于甘露之变的大多数官员雪冤，也打算铲除宦官，但最终却鉴于甘露之变的教训，而没能有所行动。

宣宗期望能中兴大唐，因此，他常阅读唐太宗的著作，用来激励自己。同时，他还经常到民间暗访，并发现了很多有才能的官员。

除此之外，宣宗还严格要求自己、管束子女。宣宗待母亲郑太后也十分孝顺。宣宗统治期间，皇室

唐宣宗题字碑

亲戚都遵规守法，没有人敢倚权仗势。

859年，宣宗因服食丹药而中毒，一病不起。同年秋，宣宗病逝，享年50岁。

综观宣宗政绩，他为保大唐江山做过很多努力，这在一定程度上缓解了唐朝的颓势，但是他却无力扭转这一趋势。他重视人才，明察慎断，颇具贞观之风，称得上是唐朝中后期的明主，被后世誉为"小太宗"。

金花鸳鸯银羽觞（唐）

昏君唐懿宗

　　唐懿宗李漼，是唐朝最后一个以长子的身份继承皇位的帝王，也是最后一个在长安安度一生的皇帝。唐懿宗在统治的15年间，穷奢极欲，胡作非为，沉湎于声色犬马中，只知享乐而不求上进，荒废政事，信赖宦官，迎奉佛骨，面对内忧外患，却不知危难，将唐宣宗时辛苦建立的发展根基彻底断送了。

沉湎游乐，用人不当

　　李漼，原名李温，是唐宣宗的长子。宣宗死后，宦官拥立李漼为帝，史称"唐懿宗"。懿宗即位后只知吃喝享乐，对国政却置之不理。

　　懿宗生活中的最重要的事就是吃喝享乐和听歌赏舞。受他的影响，朝廷内外的官员们也都沉迷于骄奢淫逸、花天酒地的奢靡生活中。

　　懿宗即位之初，罢免了令狐绹，任白敏中为"宰相"。白敏中是前朝元老，因在入朝时不小心摔倒受伤，而始终卧床休养，不能办理公务。

蓝釉双耳壶（唐）

他三次上奏请求辞官，懿宗都不应允。白敏中有病在身，正称了懿宗的心，他可借此机会不理政事。有时他不得已和臣子商讨国事，也只是应付了事，心思根本不在政事上面。面对这种情况，谏官王谱在背后说懿宗不理朝政。懿宗知道后，心生不满，一气之下下令把王谱贬官出朝任县令。掌管封驳大权的官员认为王谱是谏官，他议论政事不该遭贬，懿宗不得不依照唐朝律令收回了诏令。后来，懿宗将这件事转交给宰相们商讨解决，诸宰相都对懿宗百依百顺，居然置大体于不顾，判王谱贬官流放。

不惜官赏，崇尚佛教

懿宗封赐官职、赏赐金银财宝，通常都是兴致使然。伶官李可及因通晓音律，嗓音浑厚，得懿宗宠信，竟被提拔为"威卫将军"。给伶官加封官职，这是唐朝建国以来前所未有之事。

唐朝历代都以科举考试来选拔官吏，每年春季时由礼部主管主持考试。到了懿宗执政时，凡是他的心腹均不用参加科考，即可直接被封为进士，赐予官职。

懿宗统治期间，共任命了21位宰相。因为懿宗不理国事，致使宰相的权力过大。其实，这是他们施展才

捧真身菩萨

华，为民造福的时候，但遗憾的是，这些宰相大都是泛泛之辈，要么贪婪成性，要么好色，他们结党营私，公然收受贿赂，目无王法。这些宰相无所作为，缺少大臣风范，无疑加剧了唐朝的统治危机。

懿宗还好佛事。他即位后，佛教事业又得以发展壮大起来。他沉迷佛事，广建寺院，大造佛像，广施钱财。在他的推崇下，

绿釉鸡首壶（唐）

大规模的法会道场开始兴盛，长安佛寺中的经声佛号又开始长伴捧真身菩萨。懿宗事佛的巅峰之举是在法门寺迎接供奉佛舍利，这是继宪宗之后的又一次规模浩大的事佛活动。

懿宗坚持供奉佛骨，借口是"为民众祈求福佑"，其实他是为自己祈求庇佑。但佛舍利最终并没有给这个昏庸无道的君王带来福祉。佛骨迎入长安的那年6月，懿宗就病倒了。

873年7月，唐懿宗荒淫无度的一生结束了，享年41岁。唐朝在这个昏庸腐朽的君王统治后，已然变得岌岌可危，完全可以说，是他加速了唐朝的灭亡。

王仙芝起义

唐末，官僚地主兼并土地严重，加上苛捐杂税沉重，百姓食不果腹、居无定所，终因无法忍受，而纷纷造反。王仙芝顺应民意，揭竿而起，以"平均"为口号，极大地调动了农民反抗唐朝黑暗统治的积极性。但因王仙芝缺乏经验，一而再地对朝廷妥协退让，严重削弱了起义军的战斗力，致使军心涣散，结果起义以失败告终，而他自己也战死沙场。

反抗暴政，聚众起义

王仙芝，山东鄄城人，最初以贩卖私盐为生。875年年初，关东遭遇旱情，饥民无数、横尸遍野，但政府对此置之不理，依然催缴租税，派发差役。百姓无路可走，纷纷投奔到王仙芝名下，发动起义。义军在河南濮阳发布声讨文书，痛斥了唐朝官吏腐败，徭赋繁重，执法不公的黑暗统治。王仙芝以"天补平均大将军"兼"海内诸豪都统"自称，率起义军一举攻取了山东的曹、濮二州。

6月，冤句（今山东曹县西北）人黄巢率领农民起义，他率数千人与王仙芝在曹州会师，起义军逐渐发展壮大。此后，那些深受横征暴敛之苦的百姓、散居于民间的起义军余众等，都纷纷加入到王仙芝的队伍中，义军转眼间就发展到几万人。在王仙芝的指挥下，义军破郓州（今山东东平），克沂州（今山东临沂），大大推动了农民反抗斗争势力的发展。到11月，起义军已连攻10多个州，在淮南，义军队伍蜂拥而起，人数多的可上千，少的也达几百人。一下子，起义军遍布全国。

王仙芝率领义军连续打败唐朝军队，占领了阳翟（今河南禹县），夺取了汝州。唐僖宗被迫下令宽赦王仙芝，打算招抚义军。

但王仙芝对此置之不理，他

三彩双峰驼（唐）

率军继续北上攻取阳武（今河南原阳）。但义军进攻郑州时，在中牟（今河南鹤壁西）被唐昭义监军判官雷殷符打败。义军兵败后分两路行进，一路由王仙芝率领南下，于10月攻下了河南沁阳、邓州；11月继续向南推进，又一路占领了郢州（今湖北京山）和复州（今湖北沔阳）；12月夺取随州（今湖北随县）后，转而向东南方向进军，攻克了安州（今湖北安陆）和黄州（今湖北黄冈）。另一支义军则进军淮南，从申州（今河南信阳）、光州（今河南潢川）进而攻打舒州（今安徽潜山）、庐州（今安徽合肥）一带，此路义军在淮南威名远扬。

妥协退让，战死沙场

义军经过半年多的东征西讨后，在江淮河汉一带广泛展开游击战争，使得官军腹背受敌，难以应付，而此时义军已壮大到30万人。在义军的猛烈进攻下，蕲州刺史裴偓无力抵御，开城请降，并替王仙芝上奏求官，唐僖宗遂封王仙芝为"左神策军押牙兼监察御史"。这时王仙芝一心想归附朝廷，后因遭到黄巢痛斥和义军上下的反对，王仙芝被迫回绝了归降朝廷之事，可他此后便与黄巢各率一路军马分兵作战，结果大大瓦解了义军的战斗力。

877年正月，王仙芝占领鄂州（今湖北武昌）。7月，他与黄巢合作，共同进攻宋州（今河南商丘）兵败，义军失败后，于8月夺取了安州、随州，转而又攻打复、郢二州。后来王仙芝被唐朝招安，因招讨使宋威设计斩杀了王仙芝的大将尚君长和蔡温球，王仙芝火冒三丈，当即率义军南下，渡过汉水进攻荆南（今湖北江陵）。

878年正月初一，王仙芝率义军占领罗城，后因山南东道节度使李福率兵支援官兵，义军溃败。王仙芝随即转战各地。义军抵达黄梅（今湖北黄梅西北）时，陷入了曾元裕的包围圈，经过一场激烈交锋，义军5万多人全部战亡，王仙芝也在反攻时战死。义军余众渡江转移到江南，另一部则由尚让率领投靠了黄巢，坚持进行反对唐统治的斗争。

王仙芝从起兵反唐到战败身亡，达3年之久。他异军突起，以"平均"为口号，调动了农民反对唐朝黑暗统治的积极性。但他没能经受住胜利的考验，面对朝官的引诱，举棋不定，结果不仅减弱了义军的战斗力，也分裂了义军实力，失败是他妥协退让的必然结果。当然，也正是因为他率先起兵，才带动了各地起义军的涌起，加速了唐朝的衰亡。

黄巢起义

唐朝末期，朝纲败坏，唐宣宗虽称得上是个明察沉断的皇帝，但终究未能扭转局势。唐宣宗死后，相继登位的唐懿宗、唐僖宗都只顾吃喝玩乐，骄奢淫逸，极其腐败、颓废。再加上政府、官僚、地主对农民多重盘剥，赋役沉重，使得各地农民起义风起云涌，黄巢便是诸多起义军中最出色的首领。

揭竿而起，反抗暴唐

黄巢，山东曹县人，自幼喜好读书，聪颖敏捷，长于舞剑骑射。他曾多次参加科举考试，但都榜上无名。唐朝末年，统治者荒淫误国，朝纲败坏，民众苦不堪言，基于此，黄巢决意发动武装起义推翻唐朝的暴虐统治。

875年，王仙芝在濮阳高举义旗，率先起兵反抗唐朝。不久，黄巢也招集数千民众在冤句响应。后来，两支起义军在曹州会师，黄巢被选举为二把手。起义军队伍很快发展壮大到几万人，随即与官军在中原展开了一场激烈的围剿与反围剿的交锋。

黄巢趁官军疲于应战之机，率军转战河南，逃出了官军的包围，进而取得反攻大捷。唐朝上层统治阶级见围剿没有起效，就改用招安的办法。这时，王仙芝打算接受招抚，黄巢对他破口痛骂。两人和解后，起义军开始分兵作战：一路由王仙芝统率，向河南、淮南、汝南等地挺进；一路由黄巢率领，北上山东济南、曲阜一带。878年，王仙芝战死沙场。

仙霞关

随后，黄巢率义军夺下汝州，攻打江淮要塞扬州。878年春，黄巢率领义军从濮州出发，沿山东、河南边境直抵河南中部，直逼东都洛阳。朝廷急忙将曾元裕的军队调离襄州，支援洛阳。于是，黄巢率义军乘长江防线空虚之际，南下江淮，渡过险峻之地长江，扫荡江西，集中兵力进逼宜州。

879年春天，黄巢率军攻取福州。同年秋天，黄巢率军夺取了广州，并布告天下，义军即将北上，质问朝廷，清除宦官。

转战南北，兵败自杀

880年冬天，黄巢率军从南方出发一路北上，攻取洛阳。随后，义军决定挥兵直指唐都长安。这时，义军已拥有十几万士兵，黄巢被选举为王，号"冲天大将军"。

黄巢继续向西挺进攻打陕、虢二州，直逼长安的咽喉重镇潼关，将官军全部击溃，连唐僖宗也从开远门向南出逃骆谷。当黄巢率义军进入长安时，同样受到当地百姓的热烈欢迎。

黄巢夺取长安后，于881年在长安含元殿称帝，定国号"大齐"，改元"金统"，登上丹凤楼颁布赦令。

882年，大齐的同州（今陕西大荔）防御使朱温背叛义军投靠唐朝廷；沙陀人李克用率军1万南下援助，攻打义军。黄巢挥军东撤，退往北方，致使义军落入到强军的包围圈中。

在进攻陈州时，义军先锋大将孟楷战死。884年春天，唐朝廷派沙陀主力军再次南下围剿义军，黄巢被迫率军北逃。6月，沙陀军趁黄巢渡汴河之机，拦腰出击，大将尚让请降，义军至此溃不成军。后来，在官军追剿下，黄巢逃到山东，被围困在泰山的狼虎谷中，兵败自刎。

就这样，历时9年的唐末农民起义，以失败告终，但它对中国历史影响深远。不久，唐朝灭亡，五代十国时期开始。

五足镂花铜香薰（唐）

昭宗壮志成空

唐昭宗胸怀大志，一心想有所作为，整治朝纲，重树大唐雄威，但他未能如愿以偿，因为这时的唐朝早已实力衰微、名存实亡，甚至随便某个藩镇都可以轻而易举地将其消灭，即使是昭宗想要实施改革也无法补救，任凭谁都无能为力了。

四处流亡，拥立为帝

唐昭宗李晔，原名李杰，是唐懿宗的儿子，唐僖宗的弟弟。僖宗病重后，于888年春天诏立寿王李杰为"皇太弟"，监军国事。僖宗死后，李杰遵照遗诏继承皇位，更名为晔，即"唐昭宗"。

唐昭宗登位后，各地藩镇势力都抓住镇压农民起义的时机，积极扩张自己的势力范围。尽管昭宗曾打算大力扩充军备，加强中央的军事力量，但这反倒引起了诸藩镇势力的猜疑。

893年夏天，李茂贞写信给昭宗，他在信中讥讽唐朝廷无能。唐昭宗看完以后，怒不可遏，下诏征讨李茂贞，却被其打败。李茂贞遂率军进入长安问罪。宰相杜让能被逼无奈，只得当替罪羊，以自己的性命为昭宗解围。此后，朝臣们逐渐疏远了昭宗。

895年，李茂贞唆使宦官将宰相崔绍纬杀害，兵锋又一次直指长安，昭宗被逼无奈，只得逃往河东寻求李克用的保护。可是，昭宗逃至半路就被李茂贞的同伙韩建劫持，韩建将他押至华州囚禁起来。在昭宗被囚的近3年时间里，皇族成员几乎被斩杀殆尽。

藩镇乱政，无奈被弑

898年，朱温率军占领东都洛阳，天下局势突变。基于此，李茂贞、韩建和李克用为了不让大唐落入朱温之手，决定放昭宗回长安。同年8月，昭宗终于回到了长安。

此后，大宦官刘季述谋划废掉昭宗，改立太子。900年冬天，宦官们将昭宗关押在少阳院，但因害怕李克用、李茂贞等人兴师问罪，就把累赘昭宗扔给了朱温。朱温派人将所有参与政变的宦官们全都杀死，并于901年重新拥护昭宗复位。昭宗复位后，改元"天复"，封朱温为"东平王"。

李茂贞也请求昭宗加封他为"歧王"，但昭宗没有答应，他便怀恨在心。随后，宰相崔胤试图借助朱温的力量斩杀宦官，大宦官韩全诲则和李茂贞联手，派重兵防守京城，护卫京师长安。半年后，朱温率军征讨韩全诲，韩全诲挟持昭宗逃到凤翔。朱温领兵穷追不舍，包围了凤翔城。这次围困长达

铜胡腾舞俑（唐）

1年之久，使得城内粮草断绝。

903年正月，李茂贞在和昭宗商讨后，将韩全诲等宦官统统杀死，然后把他们的人头送给在城外围守的朱温，同时将昭宗也交到朱温手上。于是，朱温带着昭宗撤退了。

回到长安后，朱温派人将昭宗身边仅有的几百名宦官全部杀死。昭宗从此完全被朱温操控，开始了苟且求生的生活。904年正月，朱温将都城迁至洛阳，还让长安城内的居民也按户口一同迁出，致使长安骚动不宁、哭声震天。鉴于此，太原李克用、凤翔李茂贞和西川韩建等联合发兵征讨朱温。而昭宗自从离开长安后，开始整日与皇后、妃子们饮酒消愁。同年夏天，朱温密诏朱友恭等人诛杀了昭宗。昭宗死时才38岁。

综观昭宗的一生，他虽然很想革除弊政，有番作为，但是终究未能如愿以偿。是时大唐已是名存实亡，甚至任何一个藩镇都能将其覆灭，可谓积重难返，任谁都无法扭转局势，昭宗亦无能为力。

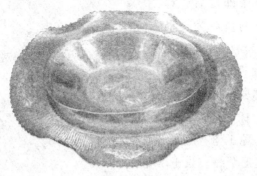

双鱼大雁纹荷叶金杯（唐）

末代之主唐哀帝

昭宗死后，年仅13岁的唐哀帝继位。至此，大唐政权已然有名无实，国土被诸藩镇分割得所剩无几，藩镇纷纷称王。大唐王朝的最后一代皇帝——唐哀帝，只能眼睁睁地看着大唐江山毁于一旦，却无力回天。

年幼即位，形同傀儡

唐哀帝李柷，是唐昭宗的儿子，出生于892年，原名李祚，897年被册封为"辉王"，903年，升任"开府仪同三司"兼"充诸道兵马元帅"。904年，昭宗被谋杀后，大臣蒋玄晖矫诏拥护李柷继位。

哀帝即位后，尊奉母亲何皇后为"皇太后"。905年春，朱温派枢密史蒋玄晖约请唐哀帝的兄弟德王李裕、棣王李祤、虔王李楔、琼王李祥、沂王李禋、遂王李纬、景王李秘、祁王李祺、雅王李禛等

青灰釉褐绿彩菱叶纹瓜形水注（唐）

人到洛苑九曲池参加宴会，并将诸王全都杀死。

905年冬，朱温派人杀害了何太后，然后，迫使哀帝下令废已死的太后为平民。

唐哀帝在位时，"时政出贼臣，哀帝不能制"。他连上朝听政的权利都被朱温以各种理由剥夺。哀帝唯一能做的，就是一切都听从朱温的安排，逐步巩固朱温的政治地位，树立他的威信。

奸贼当道，独尊朝廷

905年夏，朱温将当朝重臣全部斩杀，并把他们的尸体扔到了河里。至此，朱温已经基本解除了他夺位称帝的阻力。

905年秋，朱温为避讳祖父朱信和父亲朱诚的名字，下令将成德军更改为"武顺军"，其管辖的藁城县改名"藁平"，并改信都为"尧都"，阜城为"汉阜"。朱温连父祖的名字都要规避，可见他已逐渐超越臣子的身份。

后来，哀帝加封梁王朱温为"相国"，继而又进封他为"魏王"，同时还担任原来的"诸道兵马元帅""中书令"等职务。此外，哀帝还特批他上朝不用行跪拜礼，上殿可以佩带刀剑，这等殊遇，就连汉初相国萧何和汉末丞相曹操都不能与之相比。

被废致死，大唐末帝

唐哀帝孑身一人住在皇宫，周围都是朱温派来监控他的人。没多久，大臣柳璨和张廷范也被朱温杀害。

907年春，朱温胁迫唐哀帝让位，正式登皇帝位，并改国号为"梁"，即历史上的"后梁"。

随后，朱温废封哀帝为"济阴王"。908年春，朱温命人将哀帝毒死，是时哀帝年仅17岁。其后，朱温追封他为"哀皇帝"，并以王侯之礼将他埋葬在济阴之地。

身为大唐的最后一代君主，唐哀帝没有让人憎恨的地方，因为他即位时，唐朝已经支离破碎。然而，令人感慨的是，身为一国之君，他居然受控于臣子，成为一个傀儡皇帝，这着实是他的悲哀。

四足提链铜香薰（唐）

朱温废唐建梁

907年，朱温废唐哀帝，正式称帝，结束了大唐王朝历时289年的统治，五代十国时期自此开始。此后，各地军阀兵锋相向，战事连连，祸患无穷，致使中原人民饱尝战乱之苦。中国历史迈进了又一个分裂混战的时期。

参加义军，屡立战功

朱温，安徽人，小名朱三，自小丧父，靠跟随母亲在萧县刘崇家做奴仆维持生活。朱温长大后，不好农事，恃强凌弱，当地人都不喜欢他。

僖宗年间，黄巢在曹（山东曹县）、濮（河南范县）一带招集农民，揭竿起义，朱温便带着兄长加入到起义的队伍中。在攻城作战中，他骁勇善战，功绩卓著，很快被提升为"义军队长"。

881年，黄巢在长安称帝，派朱温镇守东渭桥。当朱温在东渭桥驻守时，唐夏州刺史诸葛爽兵锋直指栎阳，企图攻占长安恢复旧都。朱温受黄巢之命，策反唐军。他派人偷偷深入唐军内部，以功名利

宝相花镀金银碗（唐）

禄诱惑，兼以军队威势相逼，劝服了夏州刺史诸葛爽率众背叛唐朝，投靠黄巢。

后来，朱温被黄巢任命为"东南面行营先锋使"。在东面，他率军攻取了南阳；在西面，击败了邠（今陕西彬县）、岐

朱温像

（今陕西岐县）、鄜（今属陕西）、夏（今陕西横山）的唐官兵，从此名声大振。然而，这也引起了其余将士的忌恨，朱温与这些人之间的矛盾逐渐尖锐。

后来，他在担任"同州防御使"的时候，遭到唐朝河中节度使王重荣的重挫，他多次上奏请求援助，却被黄巢属下孟楷拦截，最终朱温全军溃败，伤亡惨重。这次事件再度激化他们之间的矛盾。

叛主投唐，雄镇一方

经过一番深思熟虑，朱温断定，义军内部如此明争暗斗，尔虞我诈，一定会失败。为明哲保身，朱温杀死了黄巢派出驻守的监军使，率领众将士向唐将王重荣请降。唐僖宗立即派人到河中宣诏，加封朱温为"左金吾卫大将

军"兼"河中行营副招讨使",并赐其"全忠"名,意即望他全心效忠朝廷。

884年,朱全忠率军与黄巢义军兵锋相对,经过一番苦战,朱全忠攻克了瓦子寨、西华寨,并破除了义军对陈州的围困,他因此威名远扬。是时,僖宗派河东节度使李克用率数千骑兵前来援助,李克用与朱全忠会合后,联合进攻,大败义军。

不久,朱全忠带领军队回到汴梁。在后来10多年的时间里,朱全忠依靠着汴州优越的地理位置,东征西讨,渐次兼并了中原与河北诸地的藩镇,成为雄踞一方的大藩镇势力。朝廷也因畏惧他雄厚的军事实力而对他有求必应。不久,朝廷加封他为"蔡州四面行营都统"。自此,朱全忠几乎将唐末藩镇的所有兵力都收归到了自己名下。

鎏金胡人头执壶（唐）

掌控朝政,废唐称帝

900年,宦官刘季述将昭宗软禁,改立德王李裕为帝。朱全忠出于政治考虑,与宰相崔胤、侍卫将军孙德昭联手,杀死了刘季述等宦官,救出昭宗。

904年正月,朱全忠率兵从开封出发,进军京师,满朝上下惊作一团。他秘密命令大将朱友谅矫昭宗之命,诛杀了宰相崔胤和京兆尹郑元规，铲除辅佐昭宗的人，接着迫使昭宗迁都洛阳。

朱全忠在东征西讨之余，还十分重视发展辖区内的农业生产。他曾派专员掌管农事，这对恢复和发展晚唐战乱之后的农业生产有极大的促进作用。此外，他还带领中原地区的农民消灭蝗虫，抵抗灾害，推广农桑，发展经济，实施轻徭薄赋，募集各地流民回原籍耕作。这些举措，在很大程度上缓解了百姓所受的战乱之苦。

龙纹镜（唐）

907年，朱全忠废唐自立，结束了唐朝的统治，历史也随之进入到五代十国时期。后梁的建立，标志着中国历史又进入到了一个分裂混战时期。

香炉、狮子、凤凰图（唐）

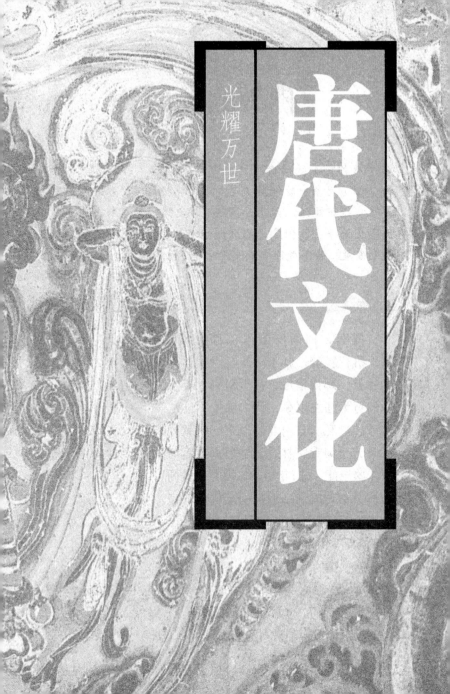

唐代文化

光耀万世

佛教的发展

　　唐朝前期统治者极力宣扬道家思想，抑制佛教的传播，但是唐朝中后期当权者却大力弘扬佛学，以此来愚弄百姓，维护统治。因此，虽然反佛之风一度盛行，出现了一些反佛斗士，但是总的来说，佛教在唐朝依然得到了较快的发展，甚至成为中华民族对外交往的纽带之一。

傅奕反佛

　　傅奕，河南安阳人，自幼博览群书，机智善辩，口才颇佳。他从来不信奉佛教，鄙视僧尼，甚至对别人尊奉佛像的行为嗤之以鼻，认为佛像不过是一堆破砖烂瓦。自南北朝以来，佛教风行一时，全国寺院林立，僧尼人数有增无减。鉴于此，621年，素以反对佛教闻名的傅奕奏请废佛。但他的废佛倡议完全是为了加强皇权专制统治，而非出于统治者利用佛教对民众进行蛊惑欺骗的考虑，具有一定的历史局限性。

　　傅奕一生大力推崇儒道学说，反对佛教。他曾对魏晋以来所

论语玉烛银筹筒（唐）

有批驳佛教的言论加以整理，著成《高僧传》，强烈抨击佛教给社会带来的害处。傅奕通晓阴阳术，却并不相信此道，因此他即便得病，也从不求医问药，而是顺其自然。他为人十分小心谨慎，所有的书稿在用过以后都予以烧毁，所以他没有作品存世。

玄奘西行求法

玄奘俗名陈祎，法名"玄奘"，河南偃师县人。玄奘年少出家，佛名远扬。他潜心研究佛学，可他在此过程中发现，国内的佛教经论体系繁杂，有些经义，师说多门，歧见纷出，部分经文的翻译讹误较多。虽然他已深研国内主要经书，广参名师，却仍对佛家典籍

鉴真坐像

"莫知适从"。后来，印度佛法学者来到唐朝，宣扬天竺佛学正宗。玄奘听说天竺佛经甚多，便决定西行求法，以解困惑。

玄奘西行取经求法，除取得了佛学上的巨大成功外，还大大加强了东亚和南亚的文化交流。645年，玄奘携带

600多部佛经，回到离开10余年的长安。此后，玄奘潜心翻译从天竺取回来的经卷，并与徒弟合力撰写了《大唐西域记》。

此外，玄奘的徒弟慧立和彦惊共同编撰了记录玄奘一生言行的《大慈恩寺三藏法师传》。《大唐西域记》主要记地理，《大慈恩寺三藏法师传》则主要写人，它们被并称为"双璧"，为现代学者研究唐代中西交通及中亚、印度历史、民族、语言、宗教等提供了宝贵的资料。

因积劳成疾，玄奘于664年春病逝于京师。

鉴真东渡传法

鉴真，原姓淳于，江苏扬州人。他14岁时，落发出家，开始在大云寺跟从智满禅师学佛。705年，鉴真又跟从道岸禅师学习佛法。713年，26岁的鉴真返回扬州，出任大明寺的大师。鉴真积极主持佛教活动，加上他博学多闻，德行高深，因此逐渐声名远扬。鉴真45岁时，受戒于他的僧人已达4万多，他成了江北淮南地区"独秀无伦，道俗归心"的知名高僧。鉴真的律学以取其精华、去其糟粕为原则，融合了南山宗、相部宗和东塔宗的教义，逐渐形成了他自己独特的律宗佛学。

742年，鉴真应日本僧人荣

瓜棱纹黑釉瓷执壶（唐）

睿、普照之邀，决定赴日宣扬佛法。鉴真带领弟子先后5次东渡，但都以失败告终。753年，65岁的鉴真，开始了第6次奔赴日本的旅程，这次他终于抵达日本。鉴真远赴日本，带去了圣物以及很多佛经。他及其随从弟子在日本传授戒律，宣扬佛法，给日本佛教注入了新活力。鉴真及其弟子东渡日本也带去了中国的书法和诗歌艺术。不仅如此，鉴真还将医药学也传到了日本，日本人尊称他为医药鼻祖。

鉴真赴日，不仅为日本带去了佛教经典，还传播了中国文化。不论在佛教、医药，还是书法等方面，鉴真都对日本产生了重大影响。

画彩女射俑（唐）

百花齐放的文学艺术

唐代文坛，百花争艳，文学大家、诗坛泰斗层出不穷，这一时期是中国文学史上最重要的时期。一大批天才文人、诗人横空出世，他们用文字记录自己所在时代的事件，用诗歌表达自己的感情、见解。他们一扫魏晋南北朝时期颓靡、艳丽的文风，倡导了一场轰轰烈烈的古文运动，在文学史上名垂千古。

海内文宗陈子昂

陈子昂，字伯玉，四川射洪人，幼年爱好骑射和赌博，长大后，他洗心革面，刻苦读书，以诗文闻名当世。后来多次上书武则天议论国事，受到武则天赏识，出任"右卫胄曹参军"。

陈子昂除了在政治上很有建树外，在文学上更是成就显著。初唐到中唐的这段时期，是中国古代文学发展的一个重要转型期。唐初文学承袭了南北朝时期的骈体文和宫体诗的风气，刻意追求词采华丽的形式美，讲求堆砌雕琢，内容却流于空虚浮泛。陈子昂对这种只注重形式不讲究内容的文风极力反对，他主张承袭西汉散文的优秀传统。在他的呼吁下，文体文风发生了重大的转变，唐诗和古文兴盛的新局面得以开创，而陈子昂无疑是实现这一转折的领军人物。

神童王勃

    王勃，字子安，山西河津人。他出生于书香世家，少有才名。676年，王勃途经南海时，落水而死，终年27岁。王勃虽然命短，文学成就却很大，他的诗文对唐及后代产生了深远的影响。他的散文虽沿袭了汉魏六朝骈体文风格，词采华丽，却能独辟蹊径，达到前人所不能到达的境界，代表作《滕王阁序》脍炙人口，千古流传。王勃一生作品颇丰，其文章有数百篇之多，文集有30卷，可惜大多都已散失，仅40余篇存世。王勃与杨炯、卢照邻、骆宾王合称"初唐四杰"。他们四人文学成就显著，在唐初文坛占有重要地位。

诗仙李白

    李白，字太白，甘肃天水人，出生在西域碎叶，后搬迁到四川绵州。他的父亲李客从未做过官，文章也无名，而李白却从小酷爱读书，成绩优秀。李白长大后，倚剑行侠，仗义疏财，乐善好施，嗜好纵横术。李白一生志向宏大，但是在政治上一直遭人排挤，郁郁不得志，最后落魄而终。

    尽管仕途失意，但是李白在文学上却成绩斐然。在中国诗坛上有

李白像

"诗仙"之誉的李白，可谓家喻户晓。李白在中国诗歌发展史上占据着无可替代的地位，杜甫曾评价李白的诗才为："笔落惊风雨，诗成泣鬼神。"李白是继屈原之后，我国文学史上又一位伟大的浪漫主义诗人，被誉为"诗仙"。他是盛唐诗坛的中流砥柱，堪称"中华诗坛第一人"，对后代产生了极其深远的影响。唐代著名诗人韩愈、李贺，以及宋代的欧阳修、苏轼、陆游，明代的高启，清代的屈大均、黄景仁、龚自珍等人，都在很大程度上从李白的诗歌中吸收营养，受益匪浅。

诗圣杜甫

杜甫，字子美，是河南洛阳人。他出生在官宦之家，他的祖父杜审言是唐代杰出的诗人，被授任"膳部员外郎"。他的父亲杜闲也曾出任"奉天县令"和"衮州司

杜甫草堂

马"之职，可是到杜甫出生时，家世已逐渐衰微、破落。这一家庭背景，深深地影响了他后来的生活和创作。杜甫从小就才识过人，七岁能作诗，九岁能写字，十几岁时就能出外应酬，深得当时名士的赞赏，人们都夸奖他颇具班固、扬雄之风。杜甫一生仕途多舛，一直郁郁不得志。

杜甫是中国文学史上伟大的现实主义诗人，他生活的年代正是唐朝由兴盛转为衰败的时期，他的诗歌深刻地描绘了唐朝在由盛而衰这一历史过程中的社会面貌，具有十分广泛的社会内容，鲜明的时代烙印以及明确的政治立场。其诗多指陈时局，社会动乱、腐朽政治以及民生疾苦，因交织着忧国忧民的强烈情感和不畏牺牲的高尚精神，被后世称为"诗史"。杜甫也因忧国忧民，诗才横溢，而被后人称为"诗圣"。

传世文豪韩愈

韩愈，字退之，河南人，唐代伟大的文学家，"唐宋八大家"之一。他自幼父母双亡，由在京为官的哥哥韩会抚育成人。韩愈早年流离困顿，有读书经世之志，勤奋好学。20岁时，他到长安考进士，考了三次都没考上。25岁后，他先中进士，任汴州董晋、徐州张建封两位节度使的幕僚，后来回长安出任四门博士。36岁后，韩愈升任监察御史，因为上书论天旱人饥状，奏请减免赋税，被贬为阳山令。唐宪宗时，他任国子博士，官至太子右庶子。50岁后，先随裴度征讨吴元济，后来出任刑部侍郎，因谏迎佛骨，被贬为潮州刺史，没多久又被调回朝任职，历任国子

韩愈像

祭酒、兵部侍郎、吏部侍郎、京兆尹等职。

韩愈是唐代古文运动的领袖，提倡文章要讲究孔孟之道，以此来反对当时片面追求形式华美的骈文。他对后世文学理论的发展和文学作品的创作都产生了深远的影响。后世对韩愈赞誉极高，奉他为"唐宋八大家"之首。杜牧甚至将韩愈的文章与杜甫的诗并称为"杜诗韩笔"；苏轼也称其"文起八代之衰"。不仅如此，韩愈还极力反佛，沉重打击了唐末佛教盛行之风。

一代名流柳宗元

柳宗元，字子厚，唐代著名文学家、哲学家，"唐宋八大家"之一，祖籍山西永济，出生在陕西西安。柳宗元不但参加了王叔文集团的革新，还与韩愈一同发起了古文运动，时人并称他们为"韩柳"。

他读书勤奋，少有大志。793年，柳宗元中进士。798年，又中科举博学鸿词科，被授予"集贤殿正字"之职。

801年，柳宗元改任"蓝田尉"。803年，柳宗元入朝做官。805年正月，唐顺宗继位后，王叔文开始实施变革，柳宗元出任"礼部员外郎"，也参加了改革。唐宪宗即位后，柳宗元被贬为"邵州刺史"，还没等上任，就被加贬为"永州司马"。815年，柳宗元被召回国都，不久又被调任为"柳州刺史"。819年秋，柳宗元病逝，终年47岁。

敦煌一七二窟西壁龛顶飞天（唐）

　　柳宗元一生著述颇丰。他在文学上成就斐然，其存世诗文作品达600余篇，文章大多抒发压抑愤懑、思乡怀友的感情，他在诗歌、辞赋、散文、游记、寓言、小说、哲学以及文学地理等方面都取得了极高的成就。柳宗元不仅是杰出的文学家，还是伟大的思想家。《非国语》《贞符》《时令论》《断刑论》《天说》《天对》等，这些文章是柳宗元哲学著作中的名篇。在这些论著中，柳宗元否定了汉代大儒董仲舒宣扬的天命说，痛斥了他欺瞒后人的可恶行为。

书文俱佳柳公权

柳公权，字诚悬，唐朝著名书法家，祖籍陕西耀县。他自幼勤奋好学，博览群书，工于辞赋，进士及第后，被任命为"秘书省校书郎"。唐穆宗登基后，柳公权改任"右拾遗"兼"翰林侍书学士"，后升任"右补阙""司封员外郎"。柳公权在穆宗、敬宗、文宗三朝一直任"宫廷侍书"之职，后改任"右司郎中"，后来还当过"司封""兵部二郎中""弘文馆学士"等。此后，柳公权又相继被任命为"国子祭酒""工部尚书""太子少师"等职。865年，柳公权溘然长逝，享年88岁。

柳公权文化素养很高，他长于书法，亦通晓音律。他的书法，风格遒劲，浑然天成，别具一格，对后世影响深远。在历代书法名家中，柳公权的传世作品相对较多，碑刻主要有《金刚经刻石》《玄秘塔碑》《神策军碑》和《冯宿碑》等，前两者是柳公权楷书作品中的代表作。《伏审》《十六日》和《辱向帖》是柳公权行、草书的代表作，这些作品的风格浑然天成，豪迈洒脱，其风采神韵与王羲之一脉相承。另外，柳公权还有《蒙诏帖》《王献之送梨帖跋》等作品传世。

书法大家颜真卿

颜真卿，字清臣，山东人，是颜师古的第五代重孙。颜真卿不仅字写得好，而且学识渊博。他在26岁时，中了进士，两年后，被授予"校书郎"一职。后来，朝廷调他到礼泉县（今属陕西省）任"县尉"，治理地方。颜真卿曾任平原太守、刑部尚书、吏部尚书，后在劝降李希烈时，被其缢死，以身殉国。

颜真卿《自书告身》（局部）（唐）

颜真卿是伟大的书法家、政治家，他是中国书法史上，继以"二王"并称的王羲之、王献之父子之后，最有成就和最具影响力的书法大师。

他的书法作品共有100多种，楷书代表作有《多宝塔碑》《麻姑仙坛记》等，都独具特色。他的行、草书作品有《祭侄文稿》《争座位帖》《裴将军帖》《自书告身》等，其中《祭侄文稿》是他在悲愤交加的情感支配下挥毫而作的，有"天下第二行书"的美誉。他的书体被称为"颜体"，与柳公权并称"颜柳"，有"颜筋柳骨"之誉。他不仅为后人留下了珍贵的书法遗产，还树立了崇高人格的榜样。颜真卿刚健雄厚的字迹，宁死不屈的品质，受到历代人们的尊崇。

画圣吴道子

　　吴道子，又名道玄，河南禹州人，是盛唐著名画家。他在古代画家中最负盛名，其作画风格被誉为"吴带当风"。他幼丧父母，生活十分穷苦，迫于生计，他开始跟随民间画工和雕匠艺人学习绘画。因为他刻苦好学，才华横溢，20岁时，就已在当地小有名气。

　　他的画风对唐代后期以及后世画家产生了深远的影响。唐代，佛教和道教盛行，宗教艺术也因此迅速发展起来。这段时期内，吴道子的佛画艺术成就非凡。正因为吴道子在创作上不墨守成规、敢于标新立异，所以才能在绘画领域声名卓著。他的绘画作品被历代画家奉为典范，并被誉为"吴家样"，足见后世画家对他的崇拜之深。

　　吴道子的绘画艺术在绘画史上地位突出、影响深远、意义重大，他也以其卓越的绘画成就而被后世画家尊为"师祖""画圣"。

吴道子《天王送子图》（局部）（唐）

经史哲学的成就

　　与辉煌的文学成就比起来，唐代的经史哲学的发展就不那么引人注目了，不过仍然出现了一批影响重大的人物。他们凭借自己的浓厚兴趣，积极研究、开拓自己喜欢的领域，并取得了重要成就，为唐代文化的繁荣做出了贡献。

博学大儒颜师古

　　颜师古，名籀，山东临沂人，是大学者颜之推的孙子。颜师古的父亲颜思鲁以儒学闻名当世，并著有《汉书决疑》一书。颜师古自幼受家学影响，博览群书，通晓训诂，善写文章。隋朝仁寿年间，他因才华横溢而被推荐做官，但后来因渎职罪而被罢官，返回京师。在此后的10年里，他再没有担任任何官职，最后为生计所迫，开始招收学生。645年，颜师古跟随唐太宗征讨辽东，中途病逝，享年65岁。

　　颜师古一生勤于笔耕，著述颇丰，有《大唐礼仪》

青釉褐绿彩山雀纹水注（唐）

《隋书》《急就章注》《颜师古集》《汉书注》《匡谬正俗》《安兴贵家传》和《玲图》等作品，但流传至今的只有《匡谬正俗》《汉书注》两本。在颜师古的著作中，《匡谬正俗》和《急就章注》继承了其先祖的风气，也为后世研究正字学树立了典范。此外，他所著的《汉书注》，在校正纰漏、改正诸表错乱以及恢复旧本古字音义方面有突出贡献，对解读和传扬《汉书》起到了重要的作用。颜师古被奉为唐代正字学的始祖，名垂青史。

经学名师孔颖达

孔颖达，字冲远，河北人，孔子32代孙，他先在隋朝做官，后入唐，深得唐太宗器重，他为唐朝初期的文化建设做出了很多努力。孔颖达自幼勤奋好学，博览群书。长大后，他通博经史，对汉代儒家所注的《春秋传》《尚书》《周易》等颇感兴趣，并进行了细致的研究。

他与人合著的《五经正义》最为有名，此书在学术上统一了南北经学，在思想上肯定了《周易》的实用性，并注解了《春秋》，创造出积极进取的人文主义精神。这些人文层面的精神既成为了官方的统治思想，又为汉学向宋学的过渡提供了思想保障。唐初对经学中汉学体系的统一，有助于

春字诗执壶（唐）

政治思想上的一统。现今通行的《十三经注疏》中的"五经疏"，就取自于孔颖达的《五经正义》，因此完全可以说，《五经正义》在我国封建时代后期的思想文化领域占有极其重要的地位。

史学泰斗刘知几

刘知几，字子玄，江苏徐州人。刘知几因文采妙绝而步入仕途，但是在史馆里却无用武之地，满腹才华不得施展，他怕后人误解自己，"故退而私撰《史通》，以见其志"。刘知几在政治上虽没有建树，但《史通》却使他名垂千古。他总结了前代的史学批评，撰成9万字的长篇巨著《史通》，为中国古代的历史编纂学、史学史研究和史学批评学奠定了基础。它的诞生，不仅象征着我国古代史

刘知几《史通》书影（唐）

学批评已发展成初具规模的理论体系，还表明当时史学家在史学研究的各个方面都已拥有了全面审夺的能力。

自然科学的进步

封建时代的自然科学虽然备受束缚，但是一些领域仍然取得了令人侧目的成就，比如说医学和天文学。这两个学科的发展与唐代统治者的支持密切相关，孙思邈和一行便是这方面的代表人物，他们代表了当时各自领域的最高成就。

药王孙思邈

孙思邈，世称孙真人，陕西耀县人，后人尊奉他为"药王"。孙思邈出生于隋朝初年，卒于唐朝初年，自幼聪明过人，勤奋好学，一生经历隋、唐二朝。他见闻广博，医术精湛。孙思邈20岁时，已通晓诸子百家的学说，善谈老庄道家学说，喜读各类经书，学识广博，朝廷多次请他入朝为官，都被他断然拒绝。他因自小体弱多病而立志从医，后经过刻苦的研究和实践，他的医术变得十分精湛。

孙思邈像

孙思邈行医以救死扶伤为己任，对病人负责，并心存怜悯，他提出"大医精诚"，强调医生要医术精湛，并竭诚为病人治病。他还提倡医生在为人治病时要高度负责，不论病人贫富贵贱，都要同等对待；在治疗中要一心救治，不能炫耀自己的才能，爱慕虚荣。对这些准则，他历来都亲自践行。有一段时期，他曾接连治愈了600多个麻风病人。他医德高尚，堪称后世医者的楷模。

孙思邈不仅是我国，也是世界历史上有名的医学家、药物学家，有"药王"之誉。他以德修身养性，其医德、医术，在古今都堪称一流。他特别重视医德，受到后世学医、从医者的称赞。他的医学名著《千金方》在我国医学史上占有十分重要的地位。

天文学家一行

一行，原名张遂，是河南南乐人。一行从小聪慧过人，酷嗜经史书籍，知识广博，很快就声名远扬。武则天时，张遂为躲避武三思纠缠，于嵩山剃度为僧，取法名"一行"。

721年，一行奉玄宗之命开始着手制定新历法。为编制新历，他举行了很多观测天象的活动。而要进行实地探测，就需要创造出一些先进的科学仪器。基于此，一行发明了黄道游仪、浑天象和探测地理纬度的专用仪器——"覆矩"。这些天文仪器保证了他后来进行的各项天文观测活动的顺利进行。

综观一行的一生，他在科学方面贡献很大，发明了天文仪器，主持了大地测量，测出了子午线的长度，并创制了《大衍历》，其中尤以《大衍历》的编制最受世人瞩目。

（唐）舞蹈侍女俑

书 目